増補新装版

般若心経を解く

佛説摩訶般若波羅蜜多心経
觀自在菩薩行深般若波羅蜜多時照見五
蘊皆空度一切苦厄舎利子色不異空空不
異色色即是空空即是色受想行識亦復如
是舎利子是諸法空相不生不滅不垢不浄
不増不減是故空中無色無受想行識無眼
耳鼻舌身意無色聲香味觸法無眼界乃至
無意識界無無明亦無無明盡乃至無老死
亦無老死盡無苦集滅道無智亦無得以無

大法輪選書

大法輪閣

目次

第一篇　般若心経の基本的解釈

第二篇　日本仏教と般若心経

第三篇　私と般若心経

第四篇　心経写経と絵心経

カバー・表紙　清水良洋／渡辺雄哉（push-up）

第一篇　般若心経の基本的解釈

般若経典と般若心経

勝又俊教（かつまたしゅんきょう）
（大正大学名誉教授・文博）

はじめに

古来仏教経典の中で最も広く大衆の中に親しまれ読誦されてきた経典は何かといえば、まず般若心経に指を屈しなければならないであろう。それはこの経典が誰でもわずかに一分半か二分程度の時間に読み終わることができる短い経典であり、しかもその内容は厖大な大般若経の精要を説示したものであり、般若心経を読むことは大般若経を読誦するに等しい無量の功徳が得られる、まことにありがたいお経だと信じられているからである。

大乗仏教のあけぼの

インドの仏教は釈尊の入滅後数百年を経ると、初期仏教から部派仏教の時代になり、仏教聖典としての経・律・論の三蔵が具わり、仏陀の信仰や仏教の教法や教団の規律などが一応確立したかに見えた。しかし西紀前後の頃になると、仏陀の信仰は次第に深められ拡大されて、釈尊一仏の信仰から三世諸仏諸菩薩の信仰へと発展し、諸仏菩薩の衆生救済の願力と浄土往生が強調された。また教法の理解の仕方にしても、従来の四諦の教えや十二因縁の観法や五蘊・十二処・十八界などをそのまま存在（有）として認める世界観や人間観を脱却し、般若の叡知によってそれらを再認識するとき、すべてのものは縁起性のものであるからそこに自性はなく(無自性)、空であるという空観の理論と実践が強調された。また仏教の信奉者は出家在家の区別なく、すべて仏子であり、さとりを求める菩薩であり、したがって菩薩は成仏を目ざして修行すべきであり、その修行の方法としては自利利他の二面をもつ六波羅蜜（到彼岸）の実践が最も肝要であるとされた。こうして従来の伝統的な部派仏教を劣れる乗物（小乗）の教えとし、新しい仏教運動を勝れた乗物（大乗）の教えとし、革新的な大乗仏教運動が展開したが、その大乗仏教運動の幕開けにあたって、従来の阿含経典（伝承経典）を超えて、仏陀の正法を開顕するための新しい大乗経典の創作活動が展開し、ここに最初期の大乗経典の成立を見るのであるが、その最初期の大乗経典の中、特に般若の立場から従来の部派仏教の有の思想を否定し、空観の論理と実践を強調したものが般若経典であった。

般若部経典の原型とその発展過程

しかし漢訳の般若部の経典を見ると、よく知られている般若心経や金剛般若経をはじめとしてその他多くの般若経典があり、また大般若経六百巻のような大部の経典もあり、それらが決して同時代に成立したのではないとすれば、般若経の原型的なものはいつの時代に成立し、その後どのようにして般若部の諸経典が成立し、そして大般若経の集大成されたのはいつ頃であろうか。またどうしてその間に般若心経のような短い経典が成立し流布するに至ったかということなどを考えてみなければならない。

そこでまず最初に成立した般若経典は何であろうかということが問われるわけであるが、現今の学界では原始般若経は後漢の支婁迦讖(しるかせん)訳の道行般若経（十巻）であると推定され、この経典は呉の支謙訳の大明度経（十巻）、前秦の曇摩蜱(どんまび)共竺仏念訳の摩訶般若鈔経（五巻）、後秦の鳩摩羅什訳の小品般若経（十巻）と同じ系統のものであるから、これらを小品系の般若経という。ついで西晉の無羅叉が放光般若経（二十巻）を訳出したが、これは道行般若経についで成立した経典であるとせられ、この系統に属するものには同じく西晉の竺法護訳の光讃般若経（十巻）、後秦の鳩摩羅什訳の摩訶般若波羅蜜多経（二十七巻）があり、これらを大品系の般若経という。この大品系の般若経はすでに二、三世紀頃に注釈され、それが鳩摩羅什訳の大智度論（百巻）であり、近時それが竜樹造か否かが学界の大きな問題となっているが、いずれにしても初期大乗仏教の諸思想を理解するために極めて重要な文献であることは周知の通りである。この大品系の般若経とほとんど同時代に金剛般若経が成立したと推定され、この金剛般若経（一巻）には後秦の鳩摩羅什訳と北魏の菩提留支訳と陳の真諦訳と隋の笈多訳と唐の義浄訳とがあり、また金剛般若経には無著が注釈した金剛般若波羅蜜多経論があり、隋の笈多が伝訳している。

以上のような般若経典が成立した後、大般若経の初めの四百巻にあたる大部の般若経が成立し、他方また、文殊般若、勝天王般若、濡首般若、理趣般若などの諸経典も続いて成立し、これらもそれぞれ漢訳されているが、このように般若部の経典が成立し増広するまでにはおよそ数百年を経過したと推定される。こうして般若部の諸経典がほぼ成立した頃にこれらの諸経典を集大成したものが大般若経六百巻であり、六六〇―六六三年に玄奘によって初めて中国に伝訳された。インドの仏教経典はこの般若経典に限らず、華厳経典にしてもその経典の原型的なものから次第に増広し発展して、ついに大部の経典に集大成されているのであり、その他の諸経典についても多少の増広は見られる。このような点から、インドにおいては経典はひとたび原型的な経典が成立しても決して固定化することなく、絶えず生きつづけ増広し発展していたと考えてよい。

般若部経典の全貌

今日漢訳の般若経典を中心として考えてみると、大正新修大蔵経の第五・六・七の三巻に亙る厖大なものが大般若経六百巻であり、第八巻には般若部経典が同本異訳をも含めて四十一部が収められている。いま大般若経を中心として諸部の般若経典がどのように集大成されているかを見るに、大般若経は十六会六百巻から成り、初会は一―四〇〇巻で、他に同本異訳はなく、十万頌般若、第二会は四〇一―四七八巻で、大品系般若、一万八千頌般若、第三会は四七九―五三七巻で、同本異訳はなく、一万頌般若、第四会は五三八―五五五巻で、小品系般若、八千頌般若、第五会は五五六―五六五巻で、同本異訳はなく、第六会は五六六―五七三巻で、勝天王般若、第七会は五七四―五七五巻で、文殊般若、第八会は五七六巻で、濡首般若、第九会は五七七巻で、能断金剛般若、第十会は五七八巻で、般若理趣分、第十一会以下第十六会までは五七九―六〇〇巻で、同本異訳はない。これによって大般若経の中では第四会が最も早く成立し、ついで第二会と第九会などが成立し、ついで初会が成立し、その後多くの般若部の経典が作られ、それらを集大成したものが大般若経六百巻であることが推定される。しかし般若部経典の中、仁王般若経は護国経典として重んぜられているが、大般若経に集録されておらず、中国撰述かとも推定されている。

般若心経の成立

ところでこれらの般若部経典の間にあって般若心経はいつ頃、どのようにして成立したか、その内容的特色や、般若諸経典の間に占める位置はどうかということなどが次に問題とされるであろう。

般若心経のサンスクリット語は Prajñāpāramitā-hṛdayasūtra であるから、正しくは般若波羅蜜多心経と訳されるが、それを通常略して般若心経という。

この般若心経にはその原典たる梵本に短いものと長いものとの二種類があり、漢訳にもその二つの系統のものが伝えられている。その短いもの（小本）とは般若心経の中核をなす部分のみのもので、長いもの（大本）とはこれに序分と流通分とを付加したものである。これを漢訳でいえば、短いものは後秦の羅什訳と初唐の玄奘訳とであり、長いものは中唐以後の法月訳と般若訳と智慧輪訳と法成訳と宋代の施護訳との五本である。したがって般若心経の二種類の中、まず短いものが原型であり、長いものは後に付加されたことは経典の形態の上からも訳経史の上からも推定される。

しからばその短い般若心経すなわち羅什訳と玄奘訳のもとになる般若心経そのものはどのようにして成立したか、その内容的特色はどこにあるかを考えてみたい。般若心経は極めて簡潔にまとまった経典であり、冗漫な文や繰り返しのない内容の充実した経典であって、一種の陀羅尼（総持）的経典ともいえるが、その般若心経の諸文とほぼ同一の諸文が羅什訳の摩訶般若波羅蜜経の習応品や無生品や勧持品などに見出されることは注目すべきことである。いま般若心経の全文を対照することは紙数の制限上省略するが、主なる点を対比してみると、

玄奘訳（括弧内は羅什訳）般若心経	羅什訳　摩訶般若波羅蜜経　習応品第三
（舎利弗、色空故無悩壊相、受空故無受相、想空故無知相、行空故無作相、識空故	舎利弗、色空故無悩壊相、受空故無受相、想空故無知相、行空故無作相、識空故

無覚相、何以故）舎利子（弗） 色不異空、
空不異色、色即是空、空即是色
受想行識亦復如是、舎利子（弗）、是諸法空相
不生不滅不垢不浄不増不減、
（是空法非過去、非未来、非現在）
是故空中、無色無受想行識
無眼耳鼻舌身意、無色声香味触法
無眼界乃至無意識界
無無明亦無無明尽、乃至無老死
亦無老死尽、無苦集滅道
無智亦無得、

三世諸仏依般若波羅蜜多故、
得阿耨多羅三藐三菩提、

無覚相、何以故、舎利弗、色不異空
空不異色、色即是空、空即是色、
受想行識亦如是、舎利弗、是諸法空相、
不生不滅不垢不浄不増不減
是空法非過去、非未来、非現在、
是故空中、無色無受想行識
無眼耳鼻舌身意、無色声香味触法、
無眼界乃至無意識界
亦無無明亦無無明尽、乃至亦無老死
亦無老死尽、無苦集滅道、
亦無智亦無得、

無生品第二十六

舎利弗、過去諸仏行般若波羅蜜、
得阿耨多羅三藐三菩提、未来諸仏亦行
般若波羅蜜、当得阿耨多羅三藐三菩提、

故知、般若波羅蜜多、是大神咒、是大明咒、是無上(明)咒、是無等等(明)咒、能除一切苦、真実不虚故、

舍利弗、今現在十方諸仏国土中諸仏亦行是般若波羅蜜、得阿耨多羅三藐三菩提。

勧持品第三十四

釈提桓因白仏言、世尊、般若波羅蜜是大明呪、無上明呪、無等等明呪、何以故、世尊、是般若波羅蜜能除一切不善法、能与一切善法

これによって摩訶般若波羅蜜経の習応品第三の「舍利弗、色空故無悩壊相」以下の文が中核となって、その初めに「観自在菩薩……度一切苦厄」の文をおき、終わりに無生品、勧持品などの文を取意して付加し、最後に掲帝掲帝の咒偈を説いて般若心経が構成されたことがわかる。この掲帝掲帝の咒偈は般若部経典の中には見出されず、般若心経の特有の咒偈であり、ここに般若心経が一種の咒経であることを象徴的に示しているといえよう。

このようにみてくると、般若心経は摩訶般若波羅蜜経の直接的な影響を受けて成立したものであり、また般若心経の伝訳の最初は呉の支謙訳（二二三年頃）とされるから、(現存しないが)、この翻訳年代から見ても、般若心経の成立年代は一、二世紀頃と推定される。

般若心経の内容

次に般若心経の内容を検討してみると、観自在菩薩は般若波羅蜜多を実践していたとき、五蘊としてとらえられるすべての存在は皆実体のないものである（空）とさとり、舎利弗に語りかけて、諸法の空相は不生不滅不垢不浄不増不減である。それ故に空の中には色受想行識の五蘊はそのままには存在しないといい、ここで特に五蘊の中の色をとりあげて、色即是空、空即是色の思想を強調している点が般若心経の思想の中核をなす所である。ついで六根も六境も六識もなく、無明・行・識・乃至生・老死の十二因縁も、十二因縁の尽くることもなく、苦集滅道の四諦もなく、智も得もないといい、初期仏教以来部派仏教の主要な教説である五蘊十二処十八界、十二因縁、四諦、などの思想を無所得空の立場で見直すべきことを強調している。そして菩薩はこのような般若波羅蜜の実践によるから、心にとらわれることもなく、恐れることもなく、すべての顚倒や夢想をはなれ、涅槃に到ることができる。また般若波羅蜜多は諸仏の母であるから、三世の諸仏も般若波羅蜜多に依って無上のさとりを得たもうたのである。しかもこの般若波羅蜜多は一切の苦を除く功力があり、偽りのない真実であるから大神咒、大明咒、無上咒、無等等咒ともいえる咒力をもつものであると説き、最後に掲帝掲帝の到彼岸の咒偈を説いて結びとしている。

空の思想と般若の功徳力を強調した簡潔にして要を得た経典といえる。

般若心経の性格

次に、般若心経の性格について考えてみよう。般若心経の心は hṛdaya（心、心臓、精髄）であるから、その題名からいっても、内容からいっても般若経典の精要を凝結したものであることは明らかである。しかしひとたび小部の経典にまとめられると、それは読誦に便利であり、広くインドの仏教社会に流布したと考えられるが、それがやがて序分と流通分を付加する形態の経典へと整えられた。般若心経の漢訳異本は十一本もあったとせられ、それは三国時代から宋代に至るまでおよそ八百年にわたるから、この点からもいかに般若心経がインドの仏教社会で長い間流布し読誦されていたかを推察することができる。

般若経典の成立過程を概観するに、いわゆる原始般若経典から次第に増広して諸部の般若経典が成立し、ついには大般若経六百巻の集大成を見るに至ったのであるが、それとはまったく逆の方向をたどったのが般若心経である。一般的に見て般若経典は叙述のくり返しが多く、冗漫な文章となっているが、般若心経は極めて簡潔で、冗漫な文章はまったく見られない。これは般若心経の題目が示すように、般若波羅蜜多の精要を凝結し、端的に示すのが目的であり、したがってそれは本来般若の陀羅尼（総持）でもあるわけである。

このことは般若心経の終わりの部分に「般若波羅蜜多はこれ大神咒なり、これ大明咒なり、これ無上咒なり、これ無等等咒なり」と説き、般若の功徳を強調しており、末尾に掲帝掲帝の咒偈をもって結ぶあたりに、般若心経の陀羅尼的性格あるいは咒経的性格がうかがわれる。また羅什訳では摩訶般若波羅蜜大明呪経と題し、咒経の一種であることを示している。この点からもおそらく般若心経はすでにインドの仏教社会では陀羅尼的な読誦経典として広く用いられていたのではないかと考えられる。

このように考えてみると、般若経典そのものは初期大乗の顕教の経典であるけれども、ひとたび般若心経の成立を見るや、一面ではもちろん大般若経の精要であり、空思想と般若の功徳を強調した経典であるが、他面またそれは咒経としての密教経典の性格をも帯びていたと考えてよい。このことは般若心経の密教化が進むや、般若波羅蜜多大心経（陀羅尼集経巻三所収）の成立を見、この中に掲帝掲帝の咒偈を般若大心陀羅尼と名づけて掲げている点からもうなずかれるであろう。

般若波羅蜜多心経

唐三蔵法師玄奘訳

口語訳は玄奘訳を念頭におき、梵文を日本文にし、斉唱しやすいように修正したものである。

漢文

観自在菩薩　行深
般若波羅蜜多時
照見五蘊皆空　度
一切苦厄　舎利子
色不異空　空不
異色　色即是空

訓読

観自在菩薩、深般若波羅蜜多
を行ずる時、
五蘊は皆空なりと照見して、
一切の苦厄を度したまう。
舎利子よ、色は空に異ならず、
空は色に異ならず、
色は即ち是れ空なり、空は即

口語訳

友松圓諦訳

聖(ひじり)なる観自在菩薩いと深き般若(ちえ)の波羅蜜多(きわまり)を
行(おさ)めたまいしとき、
五蘊(ものとこころのあつまり)は一切(よろず)みな自性(さながら)に空(うつろ)なりと照見(さとりえ)た
まえり。
舎利弗(しゃりほつ)よ、此世に於ては、色(かたちあるもの)みな空(うつろ)に
して、空(うつろ)ぞ色(もの)をかたどれり。
色(かたちあるもの)をおきて他(ほか)に空(うつろ)ということなく、空(うつろ)の

空即是色　受想行
識　亦復如是　舎
利子　是諸法空相
不生不滅　不垢
不浄　不増不減
是故空中無色　無
受想行識　無眼耳
鼻舌身意　無色声
香味触法　無眼界
乃至無意識界　無
無明　亦無無明尽
乃至無老死　亦

ち是れ色なり。受・想・行・識も亦復是の如し。舎利子よ、是の諸法は空相なり。不生にして不滅、不垢にして不浄、不増にして不減なり。是の故に、空の中には色も無く、受・想・行・識も無く、眼・耳・鼻・舌・身・意も無く、色・声・香・味・触・法も無く、眼界も無く、乃至、意識界も無し。無明も無く、亦無明の尽くることも無く、乃至、老死も無く、

他に色(もののかたち)はあるべからず。受(なさけ)も想(おもい)も行(はからい)も識(こころ)もまた是の如し。舎利弗よ、此世に於ては、諸(すべての)法(もの)は空(うつろ)の相(すがた)なり。おこることもなく、うせることもなく、垢(けが)るることもなく、浄(きよ)まることもなく、減(へ)ることもなく、増(ま)すこともなし。舎利弗よ、是故(かるがゆえ)に、空(うつろ)の中には色(かたちあるもの)なく、受(なさけ)も想(おもい)も行(はからい)も識(こころ)もあるにあらず。眼(まなこ)も耳も鼻も舌も身(からだ)も意(こころ)もなく、色(かたち)も声(こえ)も香(かおり)も味(あじ)も触(さわり)も法(かんがえ)もあることなし。眼(まなこにみえるところ)界もなく、乃至、意識(こころにおもうところ)界もなし。無明(おろかさ)もなければ無明(おろかさ)の尽くるところもなく、乃至、老いも死もなく、

無老死尽　無苦集滅道　無智亦無得　以無所得故　菩提薩埵　依般若波羅蜜多故　心無罣礙　無罣礙故　無有恐怖　遠離一切顛倒夢想　究竟涅槃　三世諸仏　依般若波羅蜜多故　得阿耨多羅三藐三菩提　故知般若波羅

亦老死の尽くることも無し。
苦・集・滅・道も無し。
智も無く、亦得も無し、無所得を以ての故に、菩提薩埵は般若波羅蜜多に依るが故に、心に罣礙無し。
罣礙無きが故に、恐怖有ること無し。
一切の顛倒夢想を遠離して、究竟涅槃す。三世の諸仏も、般若波羅蜜多に依るが故に、
阿耨多羅三藐三菩提を得たまう。故に知る、
般若波羅蜜多は、是れ大神咒

老いと死の尽くるところもなし。苦も集も滅も道もなく
智も所得もあることなし。およそ所得ということなきをもっての故に、菩提薩埵は、
般若の波羅蜜多を依止として、心に罣礙ことなし。
心に罣礙なきの故に、恐怖あることなく、
顛倒を遠く離れて、涅槃を究竟め尽せり。三世に
住みたまえる一切の諸仏も亦、般若の波羅蜜多を依止として
無上正等覚を証得えり。是故に当に知るべし。
般若の波羅蜜多はまこと妙なる真言なり。まこと明き真言、

蜜多　是大神咒
是大明咒　是無上
咒　是無等等咒
能除一切苦　真実
不虚　故説般若波
羅蜜多咒　即説咒
曰　掲諦　掲諦
波羅掲諦　波羅僧
掲諦　菩提薩婆訶
般若心経

なり。是れ大明咒なり。是れ無上咒なり。是れ無等等咒なり。能く一切の苦を除く。真実にして虚からず。故に般若波羅蜜多の咒を説く。即ち咒を説いて曰く、掲諦、掲諦、
波羅掲諦、波羅僧掲諦、菩提薩婆訶、
般若心経。

無上たる真言、無等真言なり。そは一切苦を能く除くものにして、
虚なきの故に真実なり。しかれば般若の波羅蜜多に於て真言は
つぎの如く説かれたり。行みては、行みては、
彼岸にぞいたる。菩提、
ついに彼岸にいたることをえたり。

梵文和訳・般若心経

訳・註 塚本（つかもと） 啓祥（けいしょう）
（東北大教授・文博）

Namas Sarvajñāya
ナマス　サルヴァジニャーヤ
一切を知れるものに帰命したてまつる。

āryāvalokiteśvaro bodhisattvo gaṃbhīrāyāṃ prajñāpāramitāyāṃ caryāṃ caramāṇo
アールヤーヴァローキテーシヴァロー　ボディサットヴォー　ガンビーラーヤーム　プラジニャーパーラミターヤーム チャルヤーム　チャラマーノー
聖なる観自在菩薩は深遠な般若波羅蜜多における行を実践しつつあるとき

vyavalokayati sma : pañca skandhās, tāṃś ca svabhāva-śūnyān paśyati sma.
ヴャヴァローカヤティ　スマ。パンチャ　スカンダース　ターンシュチャ　スヴァバーヴァ・シューヌヤーン パシヤティ スマ。
〔存在するものに〕五蘊があると照見した。しかもその自性は空であると了知した。

iha Śāriputra rūpaṃ śūnyatā, śūnyataiva rūpam. rūpān na pṛthak śūnyatā, sūnya-
イハ　シャーリプトラ　ルーパム　シューヌヤター　シューヌヤターイヴァ　ルーパム。ルーパーン　ナ　プリタク　シューヌヤター　シューヌヤ
この世において，舎利弗よ，色は空であり，空であるからこそ色である。空は色を離れてはなく，色は

tāyā na pṛthag rūpam. yad rūpaṃ sā śūnyatā, yā śūnyatā tad rūpam. evam eva
ターヤー　ナ　プリタグ　ルーパム。ヤド　ルーパム　サー　シューヌヤター　ヤー　シューヌヤター　タド　ルーパム。エーヴァム　エーヴア
空を離れてはない。およそ色なるものはすべて空である。およそ空であるということは色なのである。

vedanā-saṃjñā-saṃskāra-vijñānāni.
ヴェーダナー・サンジニャー・サンスカーラ・ヴィジニャーナーニ。
受・想・行・識もまたこれと同じである。

iha Śāriputra sarva-dharmāḥ śūnyatā-lakṣaṇā anutpannā aniruddhā amalāvimalā
イハ　シャーリプトラ　サルヴァ・ダルマーハ　シューヌヤター・ラクシャナー　アヌットパンナー　アニルッダー　アマラーヴィマラー
この世において，舎利弗よ，すべての法（存在）には，空であるという特相がある。生ぜず，滅せず，汚れず，汚れを離れず，

nonā na paripūrṇāḥ. tasmāc Chāriputra śūnyatāyāṃ na rūpaṃ na vedanā na saṃjñā
ノーナー　ナ　パリプールナーハ。タスマーッチャーリプトラ　シューヌヤターヤーム　ナ　ルーパム　ナ　ヴェーダナー　ナ　サンジニャー
減ぜず，増さず。それ故に，舎利弗よ，空には色もなく，受もなく，想もなく，

na saṃskārā na vijñānaṃ. na cakṣuḥ-śrotra-ghrāṇa-jihvā-kāya-manāṃsi, na rūpa-
ナ　サンスカーラー　ナ　ヴィジニャーナム。ナ　チャクシュフ・シロートラ・グラーナ・ジフヴァー・カーヤー・マナーンシ　ナ　ルーパ・
行もなく，識もない。眼も耳も鼻も舌も身も意もなく，色も

śabda-gandha-rasa-spraṣṭavya-dharmāḥ, na cakṣur-dhātur yāvan na mano-vijñāna-
シャブダ・ガンダ・ラサ・スプラシュタヴヤ・ダルマーハ　ナ　チャクシュル・ダートゥル　ヤーヴァン　ナ　マノー・ヴィジニャーナ・
声も香も味も触も法もなく，眼〔識〕界も，乃至，意識

dhātuḥ.
ダートゥフ。
界もない。

na vidyā nāvidyā na vidyākṣayo nāvidyākṣayo yāvan na jarāmaraṇaṃ na jarā-
ナ　ヴィドヤー　ナーヴィドヤー　ナ　ヴィドヤークシャヨー　ナーヴィドヤークシャヨー　ヤーヴァン　ナ　ジャラーマラナム　ナ　ジャラー
明もなく，無明もなく，明の尽くることもなく，無明の尽くることもなく，乃至，老と死もなく，老と

maraṇakṣayo na duḥkha-samudaya-nirodha-mārgā, na jñānaṃ na prāptiḥ.
マラナクシャヨー　ナ　ドゥッカ・サムダヤ・ニローダ・マールガー　ナ　ジニャーナム　ナ　プラープティヒ。
死の尽くることもなく，苦も集も滅も道もなく，智もなく，得るところもない。

tasmād aprāptitvād bodhisattvānāṃ prajñāpāramitām āśritya viharaty a-cittāvaraṇaḥ.
タスマード　アプラープティトヴァード　ボーディサットヴァーナーム　プラジニャーパーラミターム　アーシリトヤ　ヴィハラティ　アチッターヴァラナハ。
それ故に，得るところがないから諸菩薩の般若波羅蜜多に依止して，心を覆うことなく住している。

cittāvaraṇa-nāstitvād atrasto viparyāsātikrānto niṣṭhanirvāṇaḥ. tryadhvavyava-
チッターヴァラナ・ナースティトヴァード　アトラストー　ヴィパルヤーサーティクラーントー　ニシュタニルヴァーナハ。トリアドヴァヴヤヴァ
心を覆うものがないから，恐怖なく，顚倒した心を遠離して涅槃に到る。三世に安

sthitāḥ sarva-buddhāḥ prajñāpāramitām āśrityānuttarāṃ samyaksambodhiṃ abhi-
スティターハ　サルヴァ・ブッダーハ　プラジニャーパーラミターム　アーシリトヤーヌッタラーム　サムヤクサンボーディム　アビ
住せるすべての仏は，般若波羅蜜多に依止して無上等正覚を十分に

sambuddhāḥ.
サンブッダーハ。
さとられた。

tasmāj jñātavyaṃ prajñāpāramitā-mahāmantro mahāvidyāmantro 'nuttaramantro
タスマージ　ジニャータヴヤム　プラジニャーパーラミター・マハーマントロー　マハーヴィドヤーマントローヌッタラマントロー
それ故に，人は知るべきである。般若波羅蜜多の大神咒であり，大明咒であり，無上咒であり，

'samasama-mantraḥ, sarvaduḥkhapraśamanaḥ. satyam amithyatvāt prajñāpāramitāyām
サマサマ・マントラハ　サルヴァドゥッカプラシャマナハ。サトヤム　アミトヤトヴァート　プラジニャーパーラミターヤーム
無等等咒であり，すべての苦を除き，虚妄がない故に真実であると。般若波羅蜜多において

ukto mantraḥ, tad yathā :
ウクトー　マントラハ　タッド　ヤター
真言が説かれた。次の如し。

gate gate pāragate pāra-saṃgate bodhi svāhā.
ガテー　ガテー　パーラガテー　パーラサンガテー　ボーディ　スヴァーハー。

iti Prajñāpāramitā-hṛdayaṃ samāptam.
イティ　プラジニャーパーラミターフリダヤム　サマープタム。

以上で般若波羅蜜多心〔経〕を終わる。

※テキストは中村元・紀野一義『般若心経』（岩波文庫）解説 pp. 172―3 による。

註

Namas 南無と音訳する。帰命すること。

Sarvajña 一切を知れるもの。仏の80異名中の第14。

Avalokiteśvara 観自在。旧訳の漢訳仏典では「観世音」「観音」と訳す。

西域出土の古い写本には Avalokita-svara（観音）と古形を示すものが発見される。観音の名を唱えるものがあれば，菩薩は慈悲によってその音声を観じて救済することによる。後世ヒンドゥー教の自在神（Īśvara）の影響をうけて Avalokiteśvara（Avarokita＋īśvara 観自在）と変形した。

bodhisattva 菩薩。菩提薩埵（ぼだいさつた）の略称。「さとりを求めるもの」の意。

prajñāpāramitā 般若波羅蜜多。般若は prajñā の俗語形 paññā の音訳で「智慧」を意味する。pāram（彼岸に）ī（到れる）＋tā（状態，抽象名詞の語尾）は波羅蜜多または波羅蜜と音訳し，「到彼岸」「智度」と意訳する。「智慧の完成」を意味すると同時に「智慧によって覚りの境地に到達すること」を意味する。

pañca skandhās 五蘊（うん）。原始仏教では，身心環境の現象界は，外界の色と，内界の受・想・行・識との「五つのあつまり」であると考えられた。

svabhāva 自性（じしょう）。ものそれ自体の本性。

śūnya 空（くう）。śūnyatā 空，空性（くうしょう）。実体がないこと。原始仏教では「諸法無我」（存在するものには実体がない）と説いたが，小乗のアビダルマでは「我は空であるが法は有である（存在する）」として法の自性を認めた。これに対して『般若経』では，自性を否定することによってこれを存在するものの根柢としている。

Śāriputra 舎利弗。仏の十大弟子の一人。智慧第一と伝えられる。

rūpa 色(しき)。形・質があって変化しながら他を礙える物一般をいう。

vedanā 受。感受。快・不快のような感覚・感情をいう。

smajñā 想。心に浮かぶ像で，表象・観念をいう。

saṃskāra 行(ぎょう)。心の造作の義で，思なる業，意思に当たる心作用をいう。

vijñāna 識。了別の意で，認識の作用，意識そのものをいう。

anutpannā 生ぜず，以下に六不を説く。不生不滅・不垢不浄・不増不減。

cakṣuḥ 眼(げん)，以下に六根を挙げる。眼・耳(に)・鼻・舌・身・意。

rūpa 色，以下に六根の対境である六境を挙げる。色・声(しょう)・香・味・触(そく)・法。六根・六境で十二処を示す。

cakṣur-dhātur 眼〔識〕界，以下に六識を挙げて十八界を示す。眼識界・耳識界・鼻識界・舌識界・身識界・意識界。

vidyā 明(みょう)。さとり。vidyākṣaya 明の尽くること。さとりがなくなること。共に漢訳にない。

nāvidyā 無明もなく，以下に十二因縁を挙げる。無明（心の迷闇無知）・行（心の作為）・識（識別・意識）・名色(みょうしき)（名称と形態，個体）・六処(眼・耳・鼻・舌・身・意の６種の知覚器官)・触（接触）・受（感受）・愛(渇愛)・取（取著・固執）・有(う)（生存）・生(しょう)・老死。

duḥkha 苦，以下に四諦(たい)を挙げる。苦諦（人生は苦であるという認識，現実世界の把握）・集諦(じったい)（苦を集起せしめる原因の探究）・滅諦（苦の原因たる渇愛は滅せられるべきであるとの認識）・道諦（苦滅の方法としての八正道，すなわち正見・正思・正語・正業・正命・正勤・正念・正定)。

āvaraṇa　覆うこと。罣礙。

nirvāṇa　涅槃と音訳する。「吹き消すこと」「吹き消した状態」を意味するが，それは燃えさかる火を風が吹き消した状態に喩えられ，煩悩の火焔を智慧によって吹き消し，苦悩を滅した状態である。niṣṭha°　～に至る，導く，究竟する。

tryadhva　三世。過去・現在・未来。

anuttarā samyaksaṃbodhi　阿耨多羅三藐三菩提と音訳し，無上等正覚と意訳する。仏のさとりは「最高で正しく普遍的である」として示される。

mantra　真言，神咒。密教では真実絶対のことばをいい，仏・菩薩やそのはたらきを示す秘密の語。咒，陀羅尼に同じ。

mahāvidyāmantra　大明咒。大いなるさとりの真言。

asamasamamantra　無等等咒。無比の真言。

gate　（掲帝）＜gatā；女性・単数・呼格。「往けるものよ」の意。

pāragate　（般羅掲帝）＜pāragatā；女性・単数・呼格。「彼岸に往けるものよ」の意。

pārasaṃgate　（般羅僧掲帝）＜pārasaṃgatā；女性・単数・呼格。「彼岸に全く往けるものよ」の意。

bodhi　（菩提）ここでは女性・単数・呼格（-ī 語幹）として用いられている。「さとりよ」の意。Edgerton：*BHSG* 10.34.

svāhā　（僧莎訶）真言陀羅尼の末尾にあって祈念の成就を祈ることば。「幸あれ」の意。

般若心経の漢訳文献について

勝崎裕彦
（大正大学講師）

『般若心経』に関する文献が、サンスクリット原典をはじめ、漢訳、チベット語訳、蒙古語訳等、諸種の資料として豊富に伝えられていることは周知のところである。このうちサンスクリット原典をみると、小本（略本）と大本（広本）の二系統があり、大本は小本相当箇所以外に序分（前文）と流通分（讃嘆功徳文）とが増広附加されている。一般にチベット語訳や蒙古語訳は大本系を伝訳している。そして漢訳文献は大小両系統の訳本があり、経録などには二、三の欠本となった書名もみえるが、現存のものとしては次のような八種のテキストが知られる（いずれも『大正新脩大蔵経』第八巻所収）。

㈠ 姚秦鳩摩羅什訳『摩訶般若波羅蜜大明呪経』一巻（八四七c）

(二) 唐玄奘訳『般若波羅蜜多心経』一巻（八四八c）
(三) 唐般若共利言等訳『般若波羅蜜多心経』一巻（八四九b—八五〇a）
(四) 唐法月重訳『普遍智蔵般若波羅蜜多心経』一巻（八四九a—b）
(五) 唐智慧輪訳『般若波羅蜜多心経』一巻（八五〇a—b）
(六) 唐法成訳『般若波羅蜜多心経』一巻（八五〇b—八五一a）
(七) 宋施護訳『仏説聖仏母般若波羅蜜多経』一巻（八五二b—c）
(八)『唐梵翻対字音般若波羅蜜多心経』一巻（八五一b—八五二a）

これらのうち、(八)は小本のサンクリット文を漢字で音写しただけのものであるから、厳密な意味では漢訳とはいいがたいものである。いずれにせよ経録によれば、現存してはいないが、大月支国の支謙が呉の黄武二年（二二三）に『摩訶般若波羅蜜呪経』として翻訳して以来、『般若心経』がたびたび漢訳されたものであることはすでに自明のことである。

ところで実際の漢訳七種の中では、(一)の羅什訳と(二)の玄奘訳が小本系に属するもので、ほかは大本系のものである。古来より「三百字の経典」として中国、日本で広く流布したのは、この中、玄奘訳の小本系統の『般若心経』であり、本文二百六十字の簡潔な訳文である。またこの玄奘訳に比べて現行本の『(仏説)摩訶般若波羅蜜多心経』が、本文中の「遠離（一切）顚倒無想……」

の箇所で傍点部分の「一切」の二字が附加され、さらに首題の「摩訶般若波羅蜜多心経」と尾題の「般若心経」との十四字を加えて二百七十六字として流行していることも知られているところである。

さてここでは、現存最古の漢訳である羅什訳（なお、同じ羅什訳の『大品般若経』習応品第三、大正八、二二三a参照）と現行流布本である玄奘訳（また、同じ玄奘訳の『大般若経』第二会観照品第三之二、大正七、一四a参照）とについて、若干の解説を加えよう。まずいうまでもなく羅什訳は旧訳、玄奘訳が新訳ということで、「般若波羅蜜」と「般若波羅蜜多」、「観世音菩薩」と「観自在菩薩」、「五陰」と「五蘊」、「舎利弗」と「舎利子」等の相異は当然である。そして「非色異空、非空異色」が「色不異空、空不異色」であったり、「菩薩」が「菩提薩埵」、「明呪」が単に「呪」となっていたりする字句上のわずかの相異もみられるが、羅什訳に二箇所の説明的挿入句が附加されている以外は、総じて本文の内容はほとんど類同である。ちなみにその羅什訳本の二つの挿入部分の字句を取り出せば、「舎利弗、色空故無悩壊相、受空故無受相、想空故無知相、行空故無作相、識空故無覚相、何以故」と「是空法、非過去非未来非現在」という行文で、いずれも小本サンスクリット文にも、また大本サンスクリット文あるいは大本系漢訳諸本にもみられない説明句である。

次に注意すべきことは経題であるが、まず羅什訳が「大明呪経」と記し、玄奘訳が「心経」としているのは、この経典が「般若の心の経」といわれ、字義通り、般若空世界の真髄を表わす経という理解のほかに、経末に示される般若波羅蜜の神咒にこそこの経典の核心を置こうとする姿勢のあることも示唆している。つまり、心 (hṛdaya) と書かれた経典に対して、大明咒 (mahā-vidyā-mantra) と題した経典も存在していたことが推測されるのである。ほかに、羅什訳には「摩訶」の二字が首題に冠せられているが、もとより玄奘訳原本にはない。これは先の玄奘訳本文中にはない「一切」の二字が羅什訳本には記述されており、ともに現行流布本において導入附加されている用字であることとして考慮すべき点である（勝又俊教「般若経典と般若心経」参照）。

以上のように『般若心経』は、簡便な小本である新訳玄奘訳が広く流布してきたが、その内容においては大本系ともおおむね大差はないのである。『昭和法宝総目録』第一巻には、中国における注釈書七十七部、日本における注釈書四十五部を列記しているが、しかもそのすべてが玄奘訳に対するものであることを明記している。

心経用語辞典

松濤弘道
（上野学園短大教授）

摩訶 梵語「マハー」の音訳で、「大きい」とか「すべて」を意味する。わが国の仏教は大乗仏教といわれ、梵語で「マハーヤーナ」、すなわち「大きな乗りもの」の仏教、ということであるが、そこにはすべての人々を救いとる、という願いがこめられている。

般若 この字から般若の面を想い出すほど、私たちになじみの深い語であるが、元来、梵語の「プラジニャー」、巴利語の「パンニャー」の音訳で、「智慧」とか「真理」を意味する。智慧とは私たちが世のありさまを自分勝手に解釈したものではなく、いつでも、どこでも、誰にでもあてはまる普遍妥当な真理を体得する能力で、ひろく、ふかく、やわらかな心をもった時にえられるという。真理は永遠に古くして、かつ新しく、たえず創造し、活動してやまないものである。仏教では世のありさまを、実相と観照の二面から見究めるが、実相とは真理の客体であり、真実体である。観照とは真理の主体である智慧を指す。両者は不可分の関係にあり、この眺められるものと眺めるものが一体となった状態が「般若」であり、世のありさまの真実体を見究める目といってもさしつかえなかろう。この目で真実体をよく見究めると、世の中にはどこにもムダや、つまらぬものがなく、それぞれがせいいっぱい生きていることに気づく。それをつまらないというのは、眺める人間の料簡が狭く、色メガネで真実体を見ているからにほかならないのだという。

波羅蜜多　梵語「パーラミター」の音訳で、「彼岸に至る」という意味。彼岸というと、私たちは毎年春秋の二回おとずれるお彼岸を連想するが、「今日彼岸さとりの種を蒔く日かな」という歌が示すように、まよえる私たちの不自由な世界から、自由で真実な理想の世界に至る実践の道を指す。具体的には六波羅蜜という布施（ほどこす）、持戒（いましめをたもつ）、忍辱（たえる）、精進（はげむ）、禅定（やすらぐ）、智慧（よく生きる）の六項目を実践することをいう。

心経　心とは「真髄」とか「核心」とか「中心」というように、肝腎要の芯で、英語の

「エッセンス」にあたる。経とは梵語の「スートラ」を漢訳した「タテ糸」ということで「真理をつらぬく教え」を意味する。故に『摩訶般若波羅蜜多心経』とは、「世のあるがままの姿を知り、ひとしくあるべき姿になれる実践方法を説く肝腎要の教え」ということになろう。

観自在　梵語で「アヴァローキテーシヴァラ」といい、観世音または観音と同義語である。ふつう観音とは、ほとけの慈悲を人格化し、世間の人々から観られつつ、そうした人人を観て救う存在だ、といわれる。

観とは私たちの眼で世の中の現象を見るのではない。仏教では、ものの見方に五つの眼があると次のように説いている。

第一は肉眼で、「ここに鉛筆がある」とか「あそこに美人がいる」という、形あるものを自分の眼で眺める見方である。第二は天眼で、「この鉛筆は丸い」とか「あの美人は色白だな」というように分析的なものの見方である。第三は慧眼といい、「鉛筆にしては使いづらいな」とか「美人にしてはツンとしているな」と主観的に相手の価値を判断する見方である。第四は法眼で、「私は鉛筆であるが、使ってくれて有難いな」とか「私はふつうの人間なのに、美人に見立ててくれてうれしい」という相手の気心が読みとれる見方である。第五は仏眼で、相手と自分の気持が感応道交し、目に見えないものが見えてきて、お互いが喜び合う見方である。

このうちで、最後の仏眼でものを見ることを「観」といい、そういう見方のできる人を観自在菩薩といっている。

菩薩（ぼさつ）　梵語「ボディサットヴァ」の音訳で「菩提薩埵（ぼだいさった）」を省略したもの。「さとりを求める人」を指し、世の中の真実体を見究めようと絶えず努力する求道者はすべて菩薩でありうる。

行深（ぎょうじん）　かつてイギリスのフランシス・ベーコンは「知者は学問や知識を軽蔑し、愚者はそれを崇拝する。識者のみがこれを活（い）かす」と言ったことがあるが、学問や知識を活かすのは自分にほかならず、仏教では学問や知識で自分の外に客観的に存在しているものを知るだけでなく、自分がそれを活用して、いかによく生きられるかに重点をおく。人生を、問題にしているうちは学問や知識をふりまわすことで充分であるが、人生が、問題になったときには、それを主体的に受けとめる智慧がなくてはならない。それは自らの体験から生み出されるもので、日頃からより深くこの智慧をみがく実践行に努めなければならない、と説く。

照見（しょうけん）　ちょうど月の光が分けへだてなく、くまなく照らすように、ものごとがはっきり見えることをいう。

五蘊（ごうん）　「五つの集まり」ということで、世の中の一切の存在が色（形ある物質的現象）と受想行識という四つの人間の精神作用から構成されていることを指す。

「受」とは「そこにものがあるな」ということを知る感覚。「想」とは対象を分析的に知る感覚。「行」とは特定の対象に興味を抱く感覚。「識」とは私たちのすべての感覚器官を動員して対象を認識する感覚である。これら四つの感覚は、前記の五眼のうちの肉眼、天眼、慧眼、法眼にそれぞれ対応する精神作用である。

空（くう）　梵語「シューヌヤター」の訳で、形あるものとして存在しない状態を指す。物質的存在は、たえず互いに関係し合って変化し、現象として存在しても実体としてつかまえることのできないものであるから、「ない」ともいえる。たとえば、エネルギーや愛というはたらきは実体がなく、「ここにそれを見せてみろ」といわれても「ハイ、これがそれです」と見せることができない。しかし、見せられないからといって存在しないと断定できず、したがって空っぽということにはならない。昔の禅者は「無一物中無尽蔵（むいちもつちゅうむじんぞう）」といい、数学では「ゼロは無限大に等しい」というが、そのゼロが空であり無限大の全体でもある。この空を相対性原理と説く学者もいるくらいで、物質的存在をなりたたせている受け皿だといってもさしつかえなかろう。

度一切苦厄　「一切の苦厄から度われる」とは、精神的苦しみや悩みがなくなることではなく、たとえあったとしてもそれにとらわれず、ちょうど酒を呑んでも酒に呑まれないような境地になることを指す。

舎利子　「シャーリプトラ」という釈尊の弟子の名の音訳で、仏典には、智慧第一といわれたこの弟子に釈尊が呼びかける形のものが多い。

色不異空　「色は空に異ならず」とは、目に見える現象に実体がないことで、天台大師智顗の説いた「空仮中の三諦」の空諦にあたり、物質的存在は現象としてとらえられるが無数の原因と条件によってたえず変化しているのであるから、変化しない実体はない、という意味。たとえば、最愛の人がいるからといって、いつまでもその人が自分のそばにいるとはかぎらず、愛し合っているからといっても、その原因と条件が変われば、相手か自分のどちらかが離れていくことも考えられ、愛が憎しみに変わることもありうる。この世に存在するものは、どれひとつとってみても不変なものはなく、刻々と移り変わってゆくものである。

空不異色　「空は色に異ならず」とは、この世に存在するものの実体がないといっても、私たちが生きている限り目に見える現象を通してしか、その実体が見えないのであるから、現象を不変なものと仮定して考えざるをえない。天台大師のいう「仮諦」にあたり、目に見える現象を仮りに有るものと考える見方である。たとえば、いくら地球が相当ないきおいで自転しているといっても、その上に生活する私たちは、あたかも地球が動いていないかのように考えながら生きているようなものである。

色即是空(しきそくぜくう)、空即是色(くうそくぜしき)　「色すなわちこれ空、空すなわちこれ色」とは、目に見える現象そのものに実体がなく、実体のないものがすなわち目に見える現象そのもので、この二つは別物ではない、という。天台大師の説く「中諦」にあたり、ヘーゲルの弁証法風にいうならば、「色不異空」がテーゼで、「空不異色」が反テーゼであり、両方をアウフヘーベン（止揚）したものが「色即是空、空即是色」にあたる。中国の賢首大師法蔵はその『心経略疏』に「色即是空と見て大智を成じて生死に住せず、空即是色と見て大悲を成じて涅槃に住せず」と説明しているが、目に見える現象や実体のいずれにもとらわれず、この両方をふまえてすべてのものをありのままに見る仏眼がそなわるべきことをすすめている。

諸法空相(しょほうくうそう)　諸法とは、この世に存在するすべての現象で、空相とは、それらに実体がない、という意味。

不生不滅　空という実体のないものは生まれもしないし滅しもしない、永遠のはたらきである、という。山岡鉄舟の歌に「晴れてよし曇りてもよし不二の山　もとの姿は変らざりけり」というのがあるが、不二にかけた富士山の美しさはいつどこから見ても変わらないように「美」という実体のないものにいくら美しさを加減乗除しても美しさは変わらない。空はどこにもふくまれるとともに、どれをもつつむ絶対的な特性をもっている。

不垢不浄　空は清浄であるとも不浄であるともいえない、という意味。ちょうど澄みきった鏡のように無色透明で、ほっとけば曇り、磨けば光るが、鏡そのものの性質は変わらない。

不増不減　空は増すことも減ることもない、という意味。ちょうど池の水のように、石を投げ込めば波立ち、水量が増えたように見えるが、体積はひとつも変わらない。

眼耳鼻舌身意　これを六根といい、私たちの意識をはたらかせるもととなる感覚器官で、視覚（眼）、聴覚（耳）、嗅覚（鼻）、味覚（舌）、触覚（身）と、形のないものを知る第六感（意）を指す。

色声香味触法　これを六境といい、視覚によってものの形色を、聴覚によって声色を、嗅覚によって香りを、味覚によって味を、触覚によって軽重、硬軟を、第六感によって美醜や快不快などを知るので、前記の六根の対象を指す。

無眼界乃至無意識界　「眼界もなく、乃至、意識界もなし」とは、形に表わされる現象以下、形がなくても意識としてあるものの領域のないことを指す。

無無明亦無無明尽　「無明もなく、また、無明の尽くることもなし」の無明とは、世の中のあるがままの姿を見究める正しい智慧がないために闇におおわれ、苦しみまようことで、キリスト教で説く原罪のようなもの。その無明の存在も、その原因や結果すらないことを指す。

乃至無老死亦無老死尽　「乃至、老も死もなく、また、老と死の尽くることもなし」とは、無明が根本原因となって行・識・名色・六入・触・受・取・有・生と連鎖式に結果を呼び、ついに老死がおとずれて死に至る「十二因縁」により、人生の苦しみやまよいが発展していく運命にあるが、こうした現実の姿にとらわれず、すなおに老い、すなおに死んでゆくべきことを説く。

無苦集滅道　「苦も集も滅も道もなく」とは、人生の現実は苦に満ちており、生きることも老いることも、病気になることも死ぬことも、どれひとつとして苦につながらないものはないが、それすらないという。この生老病死の四苦に愛別離苦（愛する人と別れなければならない苦しみ）、怨憎会苦（きらいな人に会わねばならない苦しみ）、求不得苦（欲しいものがえられない苦しみ）と五蘊盛苦（満足過度の苦しみ）の四苦を合わせて仏教では「四苦八苦」といっている。こうした苦しみ（苦）を制するには、その原因をしらべ（集）、それを除去（滅）しなければならず、その具体的実践方法（道）として「八正道」をすすめる。すなわち、正しい見方（正見）、正しい思い（正思）、正しい言葉（正語）、正しい心がまえ（正業）、正しい生活（正命）、正しい努力（正精進）、正しい決断（正念）、正しい専念（正定）である。

無智亦無得　「知もなくまた得もなし」とは、私たちの知恵や知識にとらわれることなく虚心坦懐に生き、損得というはからいを捨てて自由無碍になるべきことを指す。

心無罣礙　「心に罣礙なし」とは、心を覆う障碍がなにもないことで、迷悟とか生死とか善悪という自意識のないやわらかな心を指す。わが国の湛道道義の『心経決談抄』に説く「苦中に苦を離れ、楽中に楽を離る。かくの如く障碍なければ苦集滅道もなきにあらずや。苦は苦でよし、楽は楽でよし。苦楽空相なれば苦ある時は苦に遇ふてよし、楽ある時は楽に遇ふてよし、何の妨ぐることやこれあらん」という境地である。

遠離一切顚倒夢想　「一切の顚倒夢想を遠離する」とは、私たちの色眼鏡であやまってさかさまに世の中を見ていた考え方を離れて、あるがままのものをありのままに見ることをいう。

究竟涅槃　「究竟」とは最上という意味で「涅槃」は梵語「ニルヴァーナ」の音訳で「さとり」の境地。一切のまよいから脱して世の中のあるべき姿を見究めれば、この世に存在するものはすべて誰の所有物でもなく、自分のものは何ひとつない「無所得」に気づく。そうしたことに目ざめれば、即座に苦しい人生の中にあっても、しあわせになれる、という。

三世諸仏　過去、現在、未来にあるもろもろのほとけとは、具体的に「誰」ということではなく、究竟涅槃に至り、無所得に目ざめた人たちを指す。

阿耨多羅三藐三菩提　梵語の「アヌッタラー・サムヤクサンボーディ」の音訳で、「無上正等正覚」と訳されている。この上もない完全なさとりを指す。般若の智慧によって、このさとりは万人の心にも宿っている、という。

大神呪（だいじんしゅ）　梵語「マハー・マントラ」の漢訳で「真言（しんごん）」と訳され、不思議な霊力を意味する。これはおまじないの言葉ではなく、全人的に般若の智慧を実践したときに現われる、永遠のいのちの偉大なはたらきである。

大明呪（だいみょうしゅ）　真言は心のまよいの闇を破り、十方を明るく照らすはたらきでもある。

無上呪（むじょうしゅ）　真言は他にくらべるものもない最上のはたらきでもある。

無等等呪（むとうどうしゅ）　真言はこれ以上等しいものがなく、世の中に充満し、そのものに等しい絶対的なはたらきで、ここではそれを信ずる人も信じられる人もひとつになった状態である。

羯諦羯諦（ぎゃていぎゃてい）　**波羅羯諦**（はらぎゃてい）　**波羅僧羯諦**（はらそうぎゃてい）　「ガテー・ガテー・パーラガテー・パーラサンガテー」の音訳で、これは本文の内容を総括的、かつ絶対的に表わそうとするところから、元来「不翻（ふほん）」として翻訳しなかった。「ガテー」とは「往ける者」という意味で、ちょうどラッキョウの皮を一枚一枚むいていくように、たえず努力することで、最後には自分本位のとらわれの心をとりのぞいて、かの岸の真空（さとり）の境地にたどりつくべきことを暗示している。

菩提（ぼじ）　**薩婆訶**（そわか）　真言の「ボーディ・スヴァ

ーハー」の音訳で、「ボーディ」とは「さとり」の境地を指し、「スヴァーハー」は願いの成就を祈って「幸あれかし」と唱える秘語である。

心経における空思想

梶山雄一（京大教授・文博）

かりに、こういう事態があったと考えてみよう。

京都の新門前の通りを散歩しているとき、わたくしが美しい茶碗を偶然に見出したとする。その美しさに魅せられている数分が過ぎたのちに、わたくしがその茶碗は古代の名器ではないかといぶかり、その作者を想定し、やがては、なんとしてでもそれを手に入れようと決意する。そして全財産を賭けてそれを購入したとしよう。ところがまもなく、わたくしの想定に対する反証が現われて、その茶碗は金銭的には価値のないものと分かったとしよう。もちろん、わたくしは落胆し、自殺でもしたい気持になるかもしれない。しかし、わたくしが平静さをとりもどすことができるならば、わたくしは自分が一つの真理を獲得したこと、しかもその真理が人間にとって究極的な真相であることにも気づくにちがいない。

茶碗が名作であると判断したことは、わたくしのもった一つの幻想である。それが贋作であって、名作ではないとわかったことも、わたくしの側の、もう一つの幻想である。真相は、名作でも贋作でもない一つの茶碗が終始その美しい実相を示し続けていたということなのである。茶碗はそれ自身を名作だとも贋作だとも主張しはしなかった。名作だ、贋作だという分別はわたくしのものであって、茶碗のかかわることではないのである。名作であることとないことと、その有と無とは人の分別であって、茶碗はその有と無との空なるものである。

わたくしは、空ということを考えるときに、『維摩経』に現われる天女の話を思い出さずににはいられない。『維摩経』は『般若経典』のなかに分類されてはいないけれども、その説くところは『般若経』以上に般若経的である。長尾雅人博士の名訳（中央公論社刊『大乗仏典』7）をお借りしてその一部を紹介しよう。ヴィマラキールティ（維摩詰）がその病気見舞いに訪れた菩薩や声聞たちと問答をかわしている。そのとき

> この家にひとりの天女がいた。これらの菩薩大士の説法を聞き、喜び満足して心も奪われ、自分の実際の身体を現わして、天の花をこれらの大菩薩、大声聞たちの上にふりかけた。すると、菩薩たちの身体にふりかかった花は地に落ちたが、大声聞たちの身体にふりかかった花は、

そこにくっついて地面には落ちない。大声聞たちは神通力をふりしぼってこの花を振り落とそうとするが落ちようとはしない。

そこで、その天女が長老シャーリプトラ（舎利子）に言った、「大徳よ、この花を振り落としてなんになさるのですか」。答えて言う、「天女よ、これらの花（で飾ること）は、（出家の身には）ふさわしくないことですから、取り去ろうとするのです」

天女が言う。「大徳よ、そのようなことをおっしゃってはなりません。なぜかといえば、この花は法にかなったものです。その理由は、この花のほうでは考えたり分別したりしないのに、長老シャーリプトラこそが、思慮し分別しているからです。大徳よ、出家して善説の法と律とのなかにありながら、思慮し分別するならば、それこそ法にかなわないことなのです。長老は（法や律について）はからいをめぐらし分別していますが、思いはからうことのないことこそが正しいのです。

大徳よ、ごらんなさい。思慮や分別を離れていればこそ、これらの菩薩大士の身体には花が付着しないのです。たとえば、恐怖をいだいている人ならば、そのすきを悪霊がねらうでもありましょう。それと同様に、生死輪廻の恐怖におののく人に対しては、色や声や香りや味や触れ合うことが、そのすきにつけ入ってくるのです。もし形成された諸存在（有為）への煩悩に対するおそれを去った人ならば、その人に対して、色や声や香りや味や触れ合うこと（という五欲）が、何をなしうるでしょうか。（愛着によって）熏じつけられた習慣（熏習）をいまだ断ち切れない人には、花が付着しますが、それを断っている人の身体には付着しません。ですから、熏習をすべて断っている（菩薩たちの）身体には花が付着しないのです」……

また（シャーリプトラが）問う。「天女よ、愛欲と怒りと愚かさとを離れるからこそ、解脱があるのではありませんか」

天女が答える。「愛欲と怒りと愚かさとを離れて解脱するというのは、慢心のある者に対して説かれたのです。慢心のない者においては、愛欲と怒りと愚かさとの本性が、そのまま解脱なのです」（『維摩経』第六章より）

花で身を飾ることは出家の身にはふさわしくない、と考えるシャーリプトラは、世俗性という、彼自身の分別を花に付託している。花こそよい迷惑である。花は法にかなったもの、つまり本来、世俗性や超世俗性という本性をもたない、空なるものである。花が付着して振り落とせない、というシャーリプトラの苦悩は、花によって惹き起こされたものではなくて、実は、彼自身の分別のもたらしたものである。慢心とは、おのれの分別を法爾の事物に押し付け、それを俗と聖、煩悩と涅槃、生死と解脱などのいずれかに規定することにほかならない。愛欲と怒りと愚かさという分別も同じである。本来の心は愛欲でも離欲でもない。怒りでも慈しみでもない。愚かさでも知恵でもない。そのいずれをも離れた心に立ち帰ることこそが肝要である、と天女は言う。

『心経』は説く、

シャーリプトラよ。

この世においては、すべての存在するものには実体がないという特性がある。生じたということもなく、滅したということもなく、汚れたものでもなく、汚れを離れたものでもなく、減るということもなく、増すということもない。

それゆえに、シャーリプトラよ、

実体がないという立場においては、物質的現象もなく、感覚もなく、表象もなく、意志もなく、知識もない。眼もなく、耳もなく、鼻もなく、舌もなく、身体もなく、心もなく、かたちもなく、声もなく、香りもなく、味もなく、触れられる対象もなく、心の対象もない。眼の領域から意識の領域にいたるまでことごとくないのである。

(さとりもなければ、)迷いもなく、(さとりがなくなることもなければ、)迷いがなくなることもない。こうして、ついに、老いも死もなく、老いと死がなくなることもないというにいたるのである。苦しみも、苦しみの原因も、苦しみを制することも、苦しみを制する道もない。知ることもなく、得るところもない。それ故に、得るということがないから、諸の求道者の知恵の完成に安んじて、人は、心を覆われることなく住している。心を覆うものがないから、恐れがなく、顛倒した心を遠く離れて、永遠の平安に入っているのである。（岩波文庫　中村元、紀野一義訳註『般若心経・金剛般若経』より）

『心経』はここで、五蘊・十二処・十八界・十二縁起・四諦という、仏教の哲学・修道の基本的な範疇をすべて否定してしまう。範疇とは現象の世界をいくつかの要素に区別・分類し、その一一の要素に実体性を付託する操作である。真理を説くためには概念・ことばが必要である。もっとも合理的な概念の操作は範疇を生む。しかし、ひとがこれらの範疇が真理を伝達するためのやむを得ない方便であることを忘れ、範疇を実体化し、範疇を実在視するときには、そのひとは真理からもっとも遠くへだたってしまう。『心経』はそれをここでいましめているのである。

「生じている」という概念を否定すれば、ひとは滅しているという概念を肯定しようとする。「汚れている」という規定を否定すれば、「浄らかである」と肯定する。それは人間の思惟の、そしてことばの宿命である。しかし、『心経』はその思惟とことばの宿命を容赦しない。その宿命を離脱しないかぎり人間は救われない、という。

だから『心経』は、すべてのものには生もなく滅もなく、汚れもなく浄らかさもなく、増すこともなく減ることもない、といって、対立する二概念をともに否定し、人間の思惟の原理を破壊してしまう。すべてのものの真相はいかなる概念やことばによっても規定されず、人間の分別を超えている、というのである。

『心経』の逆説は人間の思惟の破壊にとどまらない。ひとは自分のことばが、概念が、思惟が拒否されたときには、とまどい、恐れるものである。多くの『般若経』は、初めて大乗の教えを聞いた求道者たちが、空の教えをいかに恐れ、いかに疑い、そしてしばしば退転して小乗の教えに走ってしまうかをことこまかに説明している。その恐れと疑いは、『維摩経』にあらわれたシャーリプトラの恐れと同じものである。シャーリプトラは自分が出家であって、在家とは異なることに命をかけている。世俗の人と区別された聖者の実体性にしがみついている。だから世俗の象徴である花が聖者たる自分の身に付着して落ちないことに愕然とする。そして、花は法にかなったものだ、という天女のことばに、自分の聖者としての本性が否認されたと思って、恐れおののく。

しかし、『維摩経』が、『心経』そして『般若経』一般が教えている空の真理とは、聖なる人に実体がないといっているだけではなくて、俗なる人の実体もない、ということである。聖と俗とを区別する思慮・分別そのものが誤りであるから、聖もなく俗もない、というのである。それが空ということであり、空を理解したときには、実は、ひとは心の覆いを除かれ、恐れを超えることができるのだ、というのである。シャーリプトラの恐れは、聖と俗との区別への執着にもとづいて起こる。その区別を超えたときには、恐れではなく、絶対の安らぎが訪れる。だから『心経』はいう。

心を覆うものがないから、恐れがなく、顚倒した心を遠く離れて、永遠の平安に入っているのである。

過去・現在・未来の三世にいます目ざめた人々は、すべて、知恵の完成に安んじて、この上ない正しい目ざめを覚り得られた。(中村・紀野訳より)

後七世紀のインドの仏教哲学者チャンドラキールティは次のような譬喩を提供している。眼病にかかった人が眼の前にちらつく毛髪を幻覚している。そこでほかの人が、お前の見ている毛髪は真実ではない、と教える。そのとき、眼病者は、自分の見ている毛髪はほんとうにあるものではない、というかぎりのことは想像できる。しかし毛髪の幻覚がまったく見えない、という真実を身をもって理解しているわけではない。医薬の力によって眼病が直ったときに初めて、毛髪の自体をまったく見ない、という仕方で真相を理解する。その場合には、毛髪を有りとすることを越えているとともに、それを無いとする意識をも越えている。幻想そのものがないときには、幻覚の有も無も、肯定も否定もないのである。生じていない幻覚は滅することもないからである、と。

ここにいう幻覚とはひとの思慮・分別である。思慮・分別のうえに、有と無・生と滅・増と減・垢と浄などの対立と区別が起こる。思慮・分別を離れて、空性を直観する人にはすべての対立と区別が消える。そして、すべてのものの間に対立と区別を建てることが、ひとの迷いの根源であるから、それを超えるときに絶対の安らぎがある、と『心経』は教えるのである。

ここまで『心経』の説いてきた空思想はきわめて哲学的なものである。けれども、『心経』はその最後の一段においてその説き方を一変するように思える。

それゆえに人は知るべきである。知恵の完成の大いなる真言、大いなるさとりの真言、無上の真言、無比の真言は、すべての苦しみを鎮めるものであり、偽りがないから真実であると。その真言は、知恵の完成において次のように説かれた。

ガテー　ガテー　パーラガテー　パーラサンガテー　ボーディ　スヴァーハー（中村・紀野訳より）

知恵の完成（般若波羅蜜）を咒術・真言とみなすことは、別に『心経』に限らない。たとえば『八千頌般若経』（第三章）は、知恵の完成を習い、覚え、唱え、理解し、宣布する者に種々の利益と功徳のあることを説いて、いう。

それはなぜかというと、カウシカよ、この知恵の完成というものは偉大なる咒術である。カウシカよ、この知恵の完成というものは量り知れない咒術である。カウシカよ、この知恵の完成というものは限りのない咒術である。カウシカよ、この知恵の完成というものは比類のない咒術である。カウシカよ、この知恵の完成というものはこの上ない咒術である。カウシカよ、この知恵の完成というものは至高なる（無等等）咒術である。

だから、知恵の完成を咒術、真言とする思想は『般若経』一般に共通したものである。しかし、『八千頌』のように大部の経典にその思想が現われることは当然としても、『心経』のように短い経典において、この同じ思想が大きな比重を占めて現われるのとでは事情は異なる。このことは、『心経』の冒頭に出現する観自在菩薩の存在とともに、『心経』が後数世紀という、比較的後代に成立したものであることを示しているのかもしれない。

けれども、わたくしには、『心経』におけるこの真言は、般若の思想は、ただ哲学的に理解してはならない、といっているように思えてならない。空性の哲学的解釈とその真の悟達との間には大きな溝がある。その溝を超える飛躍は神秘的な直観によってのみ可能であるし、観自在菩薩の大慈悲がそこにはたらいているのだ、と『心経』は説いているように思えてならない。そのような高度の神秘性と慈悲のはたらきが、実は、この『心経』を仏教圏においてもっとも広く流布せしめたのであろう。

般若心経講話

松原泰道
（南無の会々長・日月庵坐禅堂主管）

どこまで伸びるかわからない機械文明の進歩が、私たちに豊かな利益を与えるとともに、人間や自然からとり返しのつかない価値あるものを奪いつつあるのが現代のすがたです。このままにいったら、遠からずして人類は自滅すると遅まきながら現代人も気づき始めました。

すなわち、〝アニマルからヒューマンへ〟との人間性復活の要求をはじめ、「技術的進歩と道徳的進歩の均衡」が、心ある識者や学者たちによって唱えられはじめました。具体的には、コンピューターと倫理の結婚の呼びかけで、何とかしてこの異質同士の統合をまとめないと、人類はますます不幸になると危ぶまれているのが現代の悩みです。

コンピューターと倫理との関係は、水と油との間がらに見えるので、その橋渡しも容易ではないでしょう。しかし、その仲人は決して全知全能の超能者でなくていいのです。人間の自滅を救うのは、めいめいが自分の中に埋みこめられている本来の純粋な人間性を自覚し、人間が人間に立ち返ろうとの願行を深めるなら、相容れないように見えるこの両者の間をまとめることは可能なはずです。そのためには、現代のような人間不信の時代であればあるほど、だれもの心中に気づくことなく秘められている純粋な人間性の存在を信じあい、それを開発しなければならないのです。人間の自覚だけが人間を救うのです。

釈尊ばなれをしていると思われる現代人の中に、意外と般若心経に親しみ読誦している人の多いのは決して偶然ではありません。経典の意味を正しくつかめなくても、この経のリズムが何となく現代人が感じている空しさに応えてくれるように響くからでしょう。

般若心経に限らず、読経はマンガや経済書とは違い、絵や字を見たり逐(お)って読むのではありません。自分の心を追い、わが本心を見つめて自分そのものを学ぶのです。「仏道をならふといふは、自己をならふなり」（道元禅師）そのままに、「般若心経をならふとは、自己をならふなり」、「般若心経を読むというは、自己を読むなり」と初めから決めてかからないと、正しくこの経は読めません。なぜなら、この経は「空を知る智慧を体得して、人間が本来具えている純粋な人間性に立ち返る教え」を語りつづけているからです。

般若心経の「空」の教えは、結論であるとともに、つねに出発点です。空の中にこそ、自由と真理が宿されているからです。空の思想が、観念としてではなく、わが血肉となって初めて人生を自在に歩めます。この自由を入手したのが「観自在菩薩（観音さま）」の名で象徴される〝めざめたわたしたち〟であります。

いま、私たちがしなければならない変革は「自我意識」です。打破すべきは「執着心」です。エゴイズムの権化さながらの現代に、この経は真っ向から対決します。そして、「自己顕示に目の色を変えているお前自身なんて、実にくだらん存在だぞ、時間と空間とに限定されているはかない生物だぞ、一瞬さきには、どこかへすっ飛んで消えてしまうんだぞ！」と、自我の存在を誇る現代人を木ッ端みじんに解体してしまいます。

実は、このように徹底的にやっつけられたとたんに、ほんとうの自己が開発される真実を、この経はじゅんじゅんと説きます。つまり、本当の自分をつかみたいのなら、必ず一度は、自分が自分でないものにならなければ、だめだ——と、この経はつっぱねます。ここを一休さんは「色も香も　空しきものと教えずば　有を有とや思いはてまし」（鷹司院）との新古今集の中の一首をひいて示します。

また、このように自我意識をまっ殺されると、それまで「自分だ」と思いこんでいた自分なるものは、実は自分でないものばかりで「自分」が構成されていた事実に目をさまさせられるのです。

それは、人間に限りません。わたくしがいま原稿を書いているこの万年筆は、ペン先・ホールダー・キャップなどで成り立っています。そのどれ一つ取ってみても万年筆ではありません。万年筆でないものばかりで万年筆ができているわけです。またインキのおかげで万年筆のはたらきがなされるのです。この万年筆は国産ですが、先年キャップを無くしたので、ありあわせの米国製のパーカーのキャップを利用しています。わずか一本の万年筆でも外国の製品をわずらわしていることになります。

人間の生成はさらに複雑であるのはいうまでもありません。大まかに肉体と精神とに分けられます。心経はさらに詳しく肉体（色）とは別に、精神を受・想・行・識の四つにわけます。そして人間誕生以前の歴史を分析して、人間は人間で無いものによって人間づくられる真理と、人間がいかに無数の力で支えられているかの事実を明かして、「自分なるものの存在を見つめよ」と、この経はことば少なにさとします。

いいかえると、社会や職場に対する自分の貢献度を現代人は盛んにいいたてるが、それとおなじ熱意で自分を支え、自分を自分たらしめてくれる無数の〝支えの縁を見つめる眼を養え〟と、この経は私たちの盲をもまた開いてくれます。

このように開眼された目で、自分を学びなおし、正しく生きる意味が体験できると、それだけでも自分はもちろん、自分の周囲をも生かせるのです。ホラではありません。実際に自分を包む社会から宇宙全体のすべてが生きるのです。自分が生きるとは、自分だけの力で生きるのでなく、大きな無限の縁に支えられて生きるのです。これを「生かされる」といいます。「生きるとは、生かされて生きるということ、そのよろこびを他を生かすことに伝えようではないか」というのが、般若心経の一貫したこころです。

自殺者の年齢がだんだん下がっていくのは例えようもなく悲しい。理由はさまざまでしょうが、自分や人生に対する不安感も大きな関係があるように思います。とかく、不安を徹底的に考えようとせずに、官能の満足などに逃げて自分をごまかそうとします。ごまかしに真実はありません。真実がないから不安だ、その不安をごまかす――という悪循環をくり返し、解決を得られぬままに最終的に「もう止めた」と自分を投げ出すのではないでしょうか。

空しさはエゴイズムと関連があります。エゴから孤独感が生まれます。エゴが強まるほど自分にもろいものです。自分に執われ自分中心にすべてを見るからです。心経は、それを「顚倒（てんどう）（さかしまの見方)」といいます。顚倒から生まれる知覚をわたくしは「倒覚(とうかく)」といいます。想い違いや勘違いを「錯覚」と申しますが、わたしのいう倒覚は、道理や理に合わない逆の認識、よこしまな認識です。この認識が自分を自分で苦しめるのです。

倒覚は、ちょうど、ただ一個の凸レンズを通して見る眺めにも似て、美しい景色もすべてさかしまに写ります。エゴという一個のレンズで見る人生の認識が「倒覚」だから目がくらむのです。この苦しみを救うのには、さらに一個の凸レンズを重ねて見ればよいのです。倒見はさらに倒見して本来の正しい景観にもどります。第二の凸レンズとは、第一のエゴの凸レンズの見る世界の否定です。この否定レンズを現代人はどこかに置き忘れているのではないでしょうか。

否定というと消極的に聞こえますが、否定は進歩と創造の母です。踊りの名手だった先代の尾上菊五郎丈に、「まだ足りぬ踊り踊りてあの世まで」の辞世があります。踊りの師なり先輩なりが印可(ゆるし)を与えても、彼自身は「まだ不足」と自分を許さずに、自分の芸を否定するのです。そこに永遠の修行があるから進歩と、新しい境地をひらく創造が約束される道理です。

否定に対し肯定はかっこいいようですが、「これでよい」と肯定したら、その時点で進歩は止まってしまうでしょう。否定は永遠につづけられてこそ否定の意味があります。一度だけの否定では、否定的な見方が定立されて否定の本質に反します。永遠に否定が連続されるとき、否定さるべきものは何もありません。このとき、すべての存在がそのまま存在として脈動するのです。

それが絶対空の世界です。

般若心経の故郷ともいうべき「大般若経」をたたえた今様数首が『梁塵秘抄（りょうじんひしょう）』に載っています。

その一首に

大品般若は春の水
罪障（ざいそう）氷のとけぬれば
万法空寂（くざく）の波たちて
真如の岸にぞよせかくる

があります。空寂は空の様相をいいます。存在するものすべてが実相だとの否定をつづけた絶対否定、すなわち絶対肯定をうたいあげます。この空を理解できるのが般若と呼ばれる智慧です。

この今様の「真如の岸にぞよせかくる」は、般若波羅蜜多——智慧によって彼岸に到るをさすのです。

奈良薬師寺の高田好胤管主がつねに唱えられる「かたよらない心　こだわらない心　とらわれ

ない心」が、すなわちエゴを否定した執着心のない状態です。しかし、かたよらない心にかたより、こだわらない心にこだわり、とらわれない心にとらわれていたら一否定の世界に停滞していることになります。さらにこれを否定しなければなりません。ゆえに高田管主が重ねて「ひろく　ひろく　もっとひろく　これが般若心経　空のこころなり」と呼ばれるゆえんがあります。ひろく　ひろくに否定の否定、絶対の否定すなわち絶対肯定がうたいこめられています。

以上は経典の文字をふまえつつ、般若心経のこころを、わたくしの領解のもとに記しました。そこでわたくしは、自分の不そんと知りつつ二百数十字の短い般若心経をさらに、次の短章につづめさせていただきます。

×

色ハ空ニ異ナラズ　空ハ即チ色ナリト観ジテ苦ヲ救ウ（観色不異空、空即色、度苦）

×

（存在するものは実体があるように見えるだけで、多くの縁によって成りたつ空の現象である。また、常に移りかわる無常の現象である。空の現象であるから、いのちの尊さがあり、生きぬく価値がある。この真理を自分の血肉にとかせたら、苦しみもおのずから安らぐであろう――）。

「色」は、目に見える形あるものすべてですが、そのような現象に見えるだけで、本来は空なのです。鬼貫（おにつら）に「骸骨の上をよそおうて花見かな」があります。形あるものは必ず空になることを諷刺しています。しかし、それをさらに深く掘りさげて読んでみましょう。結論をさきにすると「表面の美しさを、ひねくれずにすなおに美しいと見る心情が、まず大切だ。同時に、その底にある空しさをも見つめよう。また、逆に、永遠に変わらぬ美しいものなどは一つもないのだと真理を見すえながら、しかも、目前の美しいものを、すなおに見よう」のこころを、この句からうなずきとるべきでしょう。美にとらわれず、醜さに顔をそむけず、ありのままにうけとめて、しかもそこに停滞しない認識が「観」です。観音さまに象徴される人間の心の底に秘められた人間本来の深い英知です。この「観」を般若心経は、「照見」ともいいかえています。般若（空のわかる）の智慧の光で照らし見るならば——の意味です。

鬼貫の没後五十年忌の法要で、俳句に親しむ人々が、その霊前で鬼貫にそれぞれ献句しています。このとき、鬼貫の遠い縁者にあたるという杌月（きげつ）なる俳人が

青梅は　その骸骨のみのりかな

と詠んでいます。先祖の鬼貫は「骸骨の上をよそおうて花見かな」と、色ハ空ナリの無常を詠ま

れたが、その骸骨があればこそ、骸骨も風化して肥料になって梅の樹も育ち、美しい花も咲き、青い実もなるのだ——と否定をさらに否定して現実を生かしています。ともに般若心経を俳句で解いているではありませんか。

一切空であり無常であるから、わたしはさまざまの現象にあうのです。この現象に執着するとき苦が生まれます。執着は好ききらいの念となって現象を比較するから、苦悩はさらに倍増するのです。早い話が、雨の日に快晴の日を想像し比較するから、雨降りが一層憂うつになるようなものです。逆境のときに順境と思いくらべるから逆境がひとしおうとましくなるのではないでしょうか。

雨の日には、晴天では見られない風光を見つけるのです。逆境のおりには、順風満帆のツイている場合には味わえない悲運の趣きを見つけて下さるのが、般若の智慧を説かれる観音さまです。この執着のない自由なはたらきが「空」の教えを体得したら誰でもできると示されるのです。

病気の場合、身体は不自由であっても、心は自由であり得ます。その気になるなら、心は病気から解放されるでしょう。

井伊文子さんは、十年もの長期間、難病の床におられましたが、つねに「心だけは、病気から解放されたい。病む今は、健康時には得られない人生の味があるはずだ、病気の恵みを、病気の

しがいを、病者の生きがいをお恵み下さい」と願われたといわれます。そのときの心境を

ひとしずくの
涙をはらう手
おのずから
合掌となる
教えは深し

と詠まれます。ここに苦悩の止揚と昇華が見られます。苦悩という好ましくないマイナスの価値を、より高い段階で好ましい人間性を育てていく英知が止揚（揚棄（ようき）とも）です。昇華は、物理学では、ドライアイスや樟脳などが、液体とならずに固体のまま気体になる現象をいいます。いまの場合は人間の精神現象が、まわりみちをすることなく直接に高い、あるいは深い点に進んでいく意味をさします。

執着という好ましくない精神現象を、止揚し昇華してより高次の価値に換え、創造する発想法が、このように般若心経に説かれています。人間が自滅するかも知れないという恐れを解消するためにも、般若心経と現代人の出あいは、私たちに大きなしあわせを与えて下さると信じます。

第二篇　日本仏教と般若心経

空海の般若心経観

村岡空
（詩人・光明寺住職）

弘法大師空海（七七三―八三五年）は、『般若心経』全一巻を、たいへんに重要視した。たとえば、入唐、中国へ渡る以前のことはさだかではないが、帰朝した翌年の大同二年（八〇七）二月十一日、九州は太宰府の観世音寺で行ったと思われる法事の願文「田小弐が先妣の忌斎を設くるが為の願文一首」（『性霊集』巻第七）のなかで、「恭ひて千手千眼大悲菩薩、並びに四摂八供養摩訶薩埵等一十三尊を図絵し、幷びに妙法蓮華経一部八軸、般若心経二軸を写し奉り、」（弘法大師全集・第三輯四八九頁。以下、弘全と略称）と記している。

「千手千眼大悲菩薩」とは千手観音のことで、「四摂八供養摩訶薩埵」は金剛界曼荼羅の諸菩薩であるから、それら十三尊の仏画とともに、『法華経』八軸と『般若心経』二軸とを写経して供養したというわけである。

また、弘仁十年（八二一）十月八日には、「葛木の参軍、先考の忌斎を設くる願文一首」（『性霊集』巻第七）にも、「金光明経一部、法華経両部、孔雀経一部、阿彌陀経一巻、般若心経二巻を写し奉り、」（弘全三・四八七）という。

さらに、天長六年（八二九）七月十八日の、「三島太夫、亡息女の為に法華経を書写し供養して講説する表白の文」（『性霊集補闕鈔』巻第八）でも、「謹んで金字の妙法蓮華経一部、般若心経一巻を写し奉り、」（弘全三・五〇五）と述べている。

以上、三つの例をみてもわかるように、空海は、『般若心経』を『法華経』とあわせて尊重した。そして、空海独自の『般若心経』に対する考えかたは、『般若心経秘鍵』全一巻となって実を結んだ。

『般若心経秘鍵』の成立時期については、古くから二つの説がある。その一つは、弘仁九年（八一八）説で偽作と思われる上表文が付されている。もう一つは、承和元年（八三四）説で跋文が記されている。近年、勝又俊教博士は次のような学説（『秘蔵宝鑰　般若心経秘鍵』大蔵出版刊・三七七頁）を発表された。それによると、「今はしばらく『般若心経秘鍵』の成立を弘仁九年頃とし、これが承和元年にたまたま大師の弟子の道昌によって東大寺で開演せられたこともあり、それが跋文の根拠となるのではないかと推定しておく。」といわれる。この点、筆者も賛意を表わしたいと思う。

さて、それでは、『般若心経秘鍵』の内容について考えてゆくことにしよう。まず、序として二頌(じゅ)八句（弘全一・五五四）がしめされる。最初の一頌（七言四句）は「帰敬序(ききょうじょ)」と呼ばれ、現代語訳してみると次のようになるであろうか。

文殊(もんじゅ)菩薩の利剣(りけん)はもろもろの戯論(けろん)を絶(た)つ　般若菩薩の梵文(ぼんもん)は悩みの調教師である　チクを般若・マンを文殊の真言の種子(しゅじ)とする　もろもろの教えを含む陀羅尼である

「帰敬序」というのは、じぶんの信仰する仏に帰依し、敬礼するための序文である。この一頌においてすでに知られるとおり、空海はここで文殊菩薩と般若菩薩とに帰敬する。文殊菩薩は、俗に「文殊の智慧」といわれるぐらいに智慧をつかさどる仏である。また、般若菩薩は一般には耳なれない仏だが、この『心経』の含まれた般若経典六百部有余の総体を守りはぐくむ仏として覚(かく)母(も)、仏母とも称されている。

いうなれば真言密教は智慧の仏教である。そこで智慧を象徴する般若菩薩は、胎蔵曼荼羅の中央部の下方に位置する持明院(じみょういん)の五大明王の中心に、華麗な天女の姿をして左手に梵篋(ぼんきょう)（梵文の仏典を篋(はこ)のようにたばねたもの）をささげている。なお、チク・マンは両菩薩の種子真言、つまり草木の種子のように仏の言葉の徳が育ちひろがるという意味で、その仏のシンボル・マークだと思えばよい。

このようにして空海の般若心経観は、徹底的に『心経』を密教経典としてとらえようとする。では、その理由はなにか。次の一頌である「発起序」をみよう。

無辺の生死をどのようにして断つことができようか　ただ禅定と智慧とのみがあって　文殊・般若両菩薩の悟りの境地は釈尊みずからが説く　わたくしはいまその教えを讃えつつ述べようとしていますので哀悲してください。

「発起序」とは、菩提心を発するための序文である。釈尊は、この世界は苦であるといわれた。そして、そのようなかぎりない苦しみを断つためには、ただ静かにものごとの実体をみる禅定と、その禅定の結果としてえられる智慧とによってのみ断絶の可能性があることを教えられた。したがって、禅定も智慧も般若・文殊二菩薩の自内証、自己の悟りの境地である。だから、両菩薩自身、その可能性をしめされるべきである。ところが、いまは釈尊が直接、弟子のなかの智慧第一といわれる舎利弗尊者に向かってお説きになる。

ゆえに、空海は「仏説」といい、真言宗ではかならず仏説という言葉をつけて唱えはじめる決まりになっている。

また、この点から、「一切皆空」という智慧の教えを釈尊より舎利弗へと直接伝えることは、とりもなおさず釈尊―舎利弗―空海といった密教的な血脈をたどって相承されることをも意味する。要するに空海は、『心経』全部を大般若経群の核心をなす一つの真言陀羅尼とみなすのである。

このようにして序の全体をみると、もう一つの密教的な見かたが秘められている。それは、文殊・般若二菩薩の姿が尊形（形像）として大曼荼羅を表わし、利剣と梵文とは印契（標幟）で三昧耶曼荼羅、それにチク・マンの二字は種子で法曼荼羅となり、逆にいえば字・印・形という諸尊の三秘密身を象徴することになり、これはまた同時に大・三・法・羯磨曼荼羅（仏の所作）の四種曼荼羅にもなっている。大と羯とは身密、法は口密、三は意密とされ、身・口・意の三密にもあてられ、真言密教の最高原理である即身成仏するための作法、三密・四曼が、いわば合理的、構造的に説かれていることになる。

『般若心経秘鍵』は、次に「大綱序」があり、ここでは初めに、「仏法は遥かにあるのではない、心のなかにあって近いもの」といい、結局は顕教より密教のほうに成仏の可能のあることを説く。それから「大意序」にすすむ。ここは『心経』の大体の意義を説くわけだが、注目すべきは、「七宗の修行の成果は一行でのんでまだ足りない」といって、華厳・三論・法相・天台・声聞・

縁覚(えんがく)・真言の七宗が、「般若波羅蜜多に依るが故に、阿耨多羅三藐三菩提(あのくたらさんみゃくさんぼだい)を得る。」の一行にかなわないという。

このあと、空海は順々に六宗と真言宗とのちがいを述べ、また、それがそっくり『心経』の文句の深い理解力をしめすことになるのであるが、紙数も残り少ないので結論に急ぎたいと思う。

おしまいに、「秘蔵真言分」と呼ばれる部分があり、本書のうちでもっとも名高い次のような二頌八句に、空海の『心経』観はきわまっているといってよい。最初の一頌（弘全一・五六一）は、

真言は不思議である　観念し読誦すれば無明を除く　一字に千の真理を含み　この身このまで成仏できることを証明する

という。この一頌の前半二句は、唐の一行禅師の『字母表』の文章を引用したものである。後半は空海の文章だが、終わりの五言は「即身証法如」となっていて、法は智、如は理と考えられるところから、金剛界・胎蔵生両部の悟りを指すともいわれる。

そうして次の一頌がすばらしい。これは、まず原文のニュアンスを伝えるために読みくだしのままを掲げたい。

行行として円寂に至り　去去として原初に入る　三界は客舎の如し　一心は是れ本居なり

ひきつづき、いちおうの拙訳を試みると、

行き行って涅槃に達し　去り去って原点にかえる　この世は旅やどりのようで　菩提心はやはりわが家にあるようだ

とでもなろうか。古来、この一頌四句は、『心経』の最後の咒「掲帝掲帝（ぎゃてい）」以下の名訳とされている。そのリズム、その比喩の絶妙さをみても、まさに神品（しんぴん）といわざるをえないと思う。

また、その意味内容に関して、宮崎忍勝師は、「掲諦以下の真言は諸乗の法門はすべて秘蔵されており、この真言に帰一するものである、というのが弘法大師のお示しになった見解であります。」（『般若心経と心経秘鍵に聞く』教育新潮社刊・二八六頁）といわれる。まことに傾聴すべきご高見ではある。

『般若心経秘鍵』の末尾は、「問答分」（弘全一・五六二）になっている。

問う、顕・密の二教は、その趣旨がはるかにへだたっている。いま、この顕経である『般若心経』のなかに秘義を説くことはできないのではないか。

答え、医学の王者（おうじゃ）といわれるひとの目には、道の草花に触れてもそれがみな薬草である。宝石を鑑別するひとは鉱石をみただけで宝のありかを知る。知ることと知らないこととは、いったい誰の罪過といえるであろうか。

とする。このことは、単に真言密教を学ぶものにとってばかり重大な警告というのみならず、学び、信じようとするものすべてに対し、安易な生きかたを戒めた言葉になっている。空海の般若心経観は、われわれの菩提心を原初・原点から問い直すものといえるであろう。

般若心経と道元禅

柴田道賢
（元駒沢大学教授・東方学院講師）

一、道元禅師と般若心経

道元禅師が、ご自身で編集された『七十五巻眼蔵』の第二に、『摩訶般若波羅蜜』がおさめられている。これは、七十五巻の中では、禅師が『正法眼蔵』として著述された最初のもので、禅師三十四歳の作品である。

その頃禅師は、関白藤原基経が、それより三百四十年ほど前に、贅を尽くして建立したと伝えられる極楽寺址に残っていた観音導利院に寄寓しておられた。この観音導利院というのは、多分、極楽寺の本堂ともいうべきもので、観音さまを本尊としてお祀りしていたのであろう。

道元禅師が『摩訶般若波羅蜜』を撰述されたのも、そこに奉祀され、禅師が毎日礼拝しておられた観音さまを機縁として、そのお経の冒頭に観音さまが出てくる『般若心経』を取り上げて、観音さまを、慈悲と智慧とが、完全に一体となっている般若、即ち仏智慧を実行される人物の代表として讃仰し、その心境を参究しようとして、この著述をなされたもの、と推考する。

しかし、般若心経だけでは、般若を実行するに至る条件は一応説明されているにしても、それを実行する具体的様相の説明が充分でないので、大般若経六百巻の中から、「著不著相品」を取り上げて、「諸法を敬礼する」という具体的、宗教的態度、いわば、すべてのものを、神のもの、仏のものとして大切に取り扱う「敬礼」が、般若を実現する手始めになることを示し、次いで、同じ「著不著相品」から、その「敬礼」を「虚空の如く学ぶ」即ち、何のこだわりもなく、少しも固執するところなく、おおらかな気持で、しかも大切に取り扱うことだという「学般若」の趣旨を強調し、さらにその「学般若」には、その正しい教えを説示された経典を、受持（大切に護持）し、常に読誦し（繰り返し読む）、如理思惟（その道理に従って思考）するだけでなく、それを他の人のために説明すること（為他演説）が必要であるとして、これらの行動が般若を守護することであるとしておられる。

ところで、他の人のために演説する事例として、如浄禅師の「風鈴頌」を取り上げて、東西南北の風を問わず、渾身に、いつも般若を談ずることこそ、談般若であるとしておられる。

そして結論として、このような般若の実践こそ、仏・世尊が実行された道であり、それを実践するものは、直ちに仏・世尊であるとして、修行者と仏との一体観を示しておられる。この結論においても、般若心経を念頭においておられたのか、これらの実践、行動（これを諸法とする）は、実相であるとして、そうした仏・世尊に承事奉覲（しょうじぶごん）することが、やがて仏・世尊である、としておられる。

ここで注目されるのは、道元禅師が、般若の実践として取り上げておられるのは、敬礼、受持、読誦、如理思惟、為他演説、などという極めて宗教的な行為、行動を、「守護般若」として取り上げておられることで、そうした行動を「空相」において実践することが、「実相」であり、仏・世尊であるとして高く評価しておられるが、これは後に述べる徳川時代の考え方とは、基本的に異なるところであるといえよう。

これは教団の発展とともに、その足許に忍びよる世俗化の問題の一様相として、宗教学的には興味ある問題である。

二、道元禅における般若心経

道元禅師の時代に、般若心経が、その集団でどのように取り扱われていたか、資料が十分でないので、これを明らかにすることは困難であるが、少なくとも道元禅師の著作を見る限り、今日のように坊さんが、声を揃えて、お経を合誦（諷誦）する風習は見あたらない。ただ『知事清規』において食事係（典座）が昼の食事の準備に取りかかる時に、行者（小僧）たちに命じて、竈公（竈の神）に対して、金剛般若経、法華経安楽品・普門品、楞厳咒、大悲咒等を諷誦し、護法安人を祈念させる儀規が示されているにすぎない。そして『正法眼蔵第三十・看経』を見ると、檀信徒が、お寺で、祖先の供養をお願いする時には、僧堂で看経することになっており、その場合も「声を揚げて読まず、低声によむ、あるいは経巻をひらき、文字をみるのみなり」などとあって、今日の如き合誦の風習は見られない。したがって般若心経を、大勢の坊さんが、声を揃えて合誦する風習はほとんど見られず、禅宗の特徴ともいうべき九旬安居（九十日間の集団的修行生活）においても、初めの四月十三日には、衆寮において「煎点諷経」があり、十四日には「土地堂念誦」が行われ、一般に十仏名または十声仏と呼ばれている「万徳の洪名」（すべての功徳がそなわっている仏・菩薩・経法の名称）を誦持し、「合堂の真宰」（寺院の諸堂に奉祀されている神々）に回向して、九旬安居が、神々の加護によって無事終了するようにと「加護を祈る」念誦が行われ、安居終了の時も、七月十三日には衆寮の「煎点諷経」が行われ、十四日には「土地堂念誦」があって、合堂の真宰に加護の恩に感謝することになっている（『正法眼蔵第七十二・安居』）。

だがこの十仏名の念誦が、『赴粥飯法』に見られるように、維那一人が高声に念誦して、他の人々は、低声にまたは心の中で、これに和して念ずるだけでよいのか、今日の如く、声を揃えて合誦するのか、必ずしも明らかではない。多分、『赴粥飯法』の作法と同じであろう。

ところが、道元禅師の時代から約七十年後に成立した『瑩山清規』を見ると、「合山の清衆」（全山の修行僧全員）を集めて「諷経」「諷呪」する（声を揃えて合誦する）形態が多くなり、そこで誦まれる経典も、大悲呪、消災呪、楞厳呪、仏頂尊勝陀羅尼などの呪文が顕著になっており、時には、法華経、梵網菩薩戒経等の名称も挙げられているが、般若心経について見ると「夏中祈禱」の回向文に、ただ一つだけ見られるにすぎず、それも、般若心経と普門品と消災呪とを諷誦することになっており、心経だけを取り上げているのではない。しかもその儀規は明らかでなく、回向文から見ると、この三経呪を諷誦して、堂頭和尚（住持人）の無事息災を祈念することになっている。

この「夏中祈禱」が「夏中楞厳会」になったといわれているが、その証明は現在のところ、不確実といわざるを得ない。それは「夏中祈禱」の儀規が明らかでなく、回向文からは、充分にこれを認めることができないからである。

こうした状況から判断すると、瑩山禅師の時代には、密教的加持祈禱の様式・風習が、曹洞宗の中に、相当根強く取り入れられたように見受けられる。だが、般若心経を咒文的に見るような思考は、まだ抬頭していないようである。

その後約四百年に近い歳月の動きはほとんど明らかにされていない。だがこの間に「曹洞土民」といわれる言葉が伝えられるように、曹洞宗は、地方民衆の間に深く根を張って、民衆生活に大きな影響を与えるとともに民衆の宗教生活も曹洞の中に相当取り入れられたのではなかろうか。そして徳川の政権が確立された寛永九年（一六三二）の調査では、曹洞宗の寺院数は一万七千余になっており、本寺末寺の関係も一応調査されているようであるが、徳川時代には格式のない小さな庵寺をも加えると、二万余に達したといわれている（横関了胤『江戸時代洞門政要』）。

この四百年に近い歳月にわたる歴史の間に般若心経が、曹洞宗で、どのように取り扱われていたかは、全く不明であるが、曹洞の寺院は、真言や天台の古い施設を復興したものが多いと伝えられるところを見ると、その信徒の中には、山伏、修験の感化を受けて、白山、御嶽、大峰、彦山、羽黒等の霊山に参拝する風習に親しみ、般若心経をありがたい、功徳の多い経典として信仰する気風もあったかと想像される。或いは中には、坊さん自身も山の行者として、その中に加わったかもしれない。

こうした状況が、やがて元禄時代（十七世紀末）から、在家信者の要望に応えて般若心経の講義が行われ、その記録が今は『般若心経止啼銭』『般若心経決談抄』として残されているように見られる。

三、徳川時代における心経

徳川時代は、よくいわれるように、前代の風習を制度化して、政治の安定を図ったとみられるが、曹洞宗においても、教育、文物の発展に刺激されて、十八世紀以後、宗学が劃期的な発展をとげたが、般若心経の研究も在家教化の一環として、その頃から抬頭したようである。

現に、明和元年（一七六四）に上梓された常然湛道師の『般若心経決談抄』によると、師は、濃州、養老山の麓にいる佐藤如雲斎という「旧参の士」から

「心経は、常にこれを読誦しておれば、在家の者にも功勲力が多いといわれている。だが、その意味がよく呑み込めないと、読誦も怠り勝ちになるから、その意味をよく判るように、書物にしていただきたい」

と依頼されたので、これを著述した旨が記されている。

これを見ても、曹洞宗では、般若心経が重要な経典として尊重されていたので、湛道師が『決談抄』を撰(つく)られたわけではなく、信徒の要望に基づいて、禅の立場から心経の講義をされたもの（心経の禅的解釈）であることがわかる。

したがって、その叙述も、般若の空理を闡明するよりも、禅の心、「何物にも捉われない生き方」を説明するところが多く、その具体的行動も、道元禅師の如く、宗教的行動だけを取り上げているのではなく、むしろ、一般的社会生活に必要な倫理、道徳の実践を、心経の立場から裏づけようとしておられる。

例えば、この『決談抄』には、「よくこの心経の道理を究尽して、文字心経を読まずとも、文字を離れたる心経を受時、読誦す」べきであるとし、文字を離れたる心経は、「行住坐臥、喫茶喫飯、啼くも、笑うも、治生産業、皆、これ心経」と充分に心得、武士は「君命に随って、ます〳〵道の道たるべきを信養する」こそ、心経を読まずして、好く読誦する人なり、「農工商家も、其の職分の道を知り、父母に孝養厚く、悪事を慎む人は、実の聖民なり」などと述べているところは、よく当時の社会道徳を禅の立場から見た心経によって裏づけようとしていたことを示すものである。

こうした通俗的態度は、湛道師より半世紀程前の天桂伝尊(てんけいでんそん)師にも見られるところで、天桂師は、宝永四年（一七〇七）の春に、「萩原三位公」の邸に赴いて、『般若心経止啼銭』を講ぜられたというが（曹洞宗大年表）、これもやはり、在家の人々に対する説教であった。

したがって、その説明も、今日の如く、般若の「空の理論」を解明するものではなく、「此の経の宗要を脱体に直説する」などとあるように、此の経は、「二百余言の文字」ばかりを指すものではなく、宇宙の森羅万象は、みな此の経の「声名句文」であるとして、「人々本有一巻の心経なりと知るべし」などとあって、専ら禅の見識でこの経を説明しようとしておられる。

そして、「仏と衆生とは、本より毫釐も隔てのないものだから、非道に犯したり、悩ましたりするような衆生は一人もない」ものである。「只、貴賤、上下、僧俗、男女は一切時処において、本然としてあるべきように度る（生きる）」ことを、「大悲の光明三昧というなり」などともあって、「自身がたしかに観自在菩薩であると決定する」ことが重要であると述べておられる。特に「空」の誤解については、「万般の事を、空なるもの」と思い、人の常道を失い、父母も、兄弟も、上下の人間関係も、みな空なりとして、敬いも、憐みもないようになるのは、「得手勝手の空なり」と誡めておられる。この点について、「瓢軽坊主共」が、仏もなく衆生もなく、何もないので、「勤行もいらぬ、坐禅もいらぬ」などという者があるが、それは「得手勝手の悟りである」と僧侶の言行をも誡めておられる。

これは、道元禅師が、前述の如く、敬礼、受持、読誦等の純粋に宗教的行動だけを般若として強調されているところとは、相当に、立場が異なっているといえよう。

天桂伝尊師、常然湛道師等についで、文政十一年（一八二八）に『般若心経忘算疏(ぼうはいしょ)』を撰(つく)られた無著黄泉(むじゃくこうせん)師は、むしろ学者的立場で、

「九家の註意を撮要して、此の疏を綴れり。敢えて半語の私語を容れず」

といっておられるが、やはり、「たゞ二三子のために拕泥(たでい)す、故に第一義門を開けり」とあるように、当時漸く宗門内で、般若心経が講義されるようになって、各、独自の解釈が展開されていたので、学問的に根拠のある解釈を確立しようとして、この一巻を撰述されたものか、とも判断される。

いずれにしても、十七世紀から十八世紀の初め頃には、曹洞宗内においても、簡単で、しかも功徳の多い般若心経が取り入れられ、いわばその咒的効果に惹かれて、その解釈説明が必要とされ、右のごとき著述が、相次いで上梓されるに至った、と見ることができよう。

四、その後の状況

道元禅師が創立された曹洞宗において、般若心経が、読誦経典として、不動の地位を獲得した

のは、明治二十二年（一八八九）に『洞上行持軌範』が編集され、全国寺院における諸行事が、統一的に運営されることになってからである。

そこでは毎朝、必ず「応供諷経（おうぐふぎん）」として般若心経が諷誦され、仏法の興隆と寺院の円満な運営とを十方の三宝、応供等に祈念することになっている。

筆者のごときも、小学四年で、丹波の山寺の小僧になった時、やはりこの般若心経の棒読みを最初に教わり、とてもありがたい功徳のあるお経だと教わったものである。曹洞宗では大悲咒、消災咒とともに、この般若心経の読み方は、小僧教育の第一歩となっているほどであり、戦後編集された『檀信徒宝典』には、般若心経を檀信徒の方々に読誦していただき、本尊さまに回向することになっている。

それは要するに、曹洞宗の人々は、皆、観音さまと同じように「空の真理」――何にも捉われないで、いつもすがすがしい心持で、清く、正しく、強く、ほがらかに生きていただきたいとの願から、このような「行事規則」が成立したものであろう。

もっとも般若心経は、明治以後、梵文も発見され、その研究も進んでいるので、これを咒文的に取り扱う思考は、一応訂正されなければならないが、その根本となる般若の空観、すなわち何物にも捉われず、何事にも拘わらず、神や仏と同じになって生きようとする心経の哲学は、やはり永遠のものである。それこそ般若心経の根本精神というべきもので、仏の心になって、今日の生活を「清く、正しく、強く、しかもほがらかに生きる」ことこそ、心経のいう「深般若波羅蜜多を行ずる」ということであろう。

日本臨済禅の心経理解

小林圓照（こばやしえんしょう）
（花園大学教授）

お経を読む眼（まなこ）

『般若心経』が臨済宗の日課聖典として読まれているのはいうまでもないが、いっぽう、中国・日本を通じて禅の祖師がたの心経理解はどうであろうか。二七六文字の一字一句を追って詮索（せんさく）するというより、自心を照らす鏡として、体験にそって自由に講説したり、提唱（ていしょう）の素材ともなっている。禅のもつ実践的な看経（かんきん）の態度は心経に対しても一貫しているようである。

ここに、日本においてのこのような心経把握（はあく）の主要なものを挙げてみよう。まず伝統にそって、スタンダードな蘭渓道隆（らんけいどうりゅう）禅師の『般若心経注』（一巻・漢文）があり、中国と日本双方に幅ひろい影響をあたえている。次に、作られた時代やその真偽はともかく、一休宗純和尚の『般若心経解』（一巻・和文）がある。江戸期に入って、なかでも盤珪永琢禅師の『心経鈔』（一巻・和文）は庶民に心経の真実を生きたことばでうったえ、自覚をうながす点で日本的な理解の最先端といえよう。すこしのちの、白隠慧鶴禅師の『般若心経毒語注』（一巻・漢文）は雲水僧を対象として、毒気（禅の逆説）あふれる着語と頌から成り、その法を継いだ東嶺円慈禅師の細註が付けられている。この対照的な盤珪・白隠の両書は日本臨済禅の心経理解の双璧と呼ぶことができよう。また一面、黄檗宗の瑞龍鉄眼禅師の仮名法語による心経「五蘊皆空」の注解や妙心寺派の無着道忠禅師の法蔵その他の注疏に基づいた考証研究なども見逃せない。

本書『般若心経を解く』には「一休と般若心経」（平野宗浄師）と「白隠と毒語心経」（柳田聖山氏）があるので、ここでは蘭渓（一二一三―一二七八）と盤珪（一六二二―一六九三）の講説を中心にたどってみよう。

心経とは無心の大道なり

蘭渓は四川省出身で若くして日本遊化の志を持ち、北条時頼が宋より招いたと伝えられている。鎌倉建長寺の開山として純禅を挙揚し、来朝禅師のうちの代表格となる人物である。さて禅師の

『心経注』（注心経ともいう）は、禅理に基づいた簡潔な解説と提唱形式の短い著語との二段がまえとなっているのが特色である。

(1)まず題号では、心経を「摩訶」（大いなる）とするのは、もろもろの仏にも、生きとし生けるものにも平等に具わった自性（本性・大いなる心）を指すからである。「般若」とは愚痴を離れた自性無我の智恵のことで、過去・未来・現在の諸仏や歴代の祖師がたの活躍された源がこれである。「波羅蜜多」（彼岸に到る）とは清らかな自性を自覚することだし、「心経」とは大道を意味する。総じて『摩訶般若波羅蜜多心経』とは「すべてのものに等しくそなわったまことの本性（自性）の自覚をめざす無心の大道」ということになる。

蘭渓が「摩訶」を理解するのに、妄想や二元相対に囚われた小心が無いところがすなわち大心であると説く一節は、一休和尚作と伝えられる『般若心経解』の冒頭と全く同趣の内容である。「摩訶とは、大といふこゝろなり、大といふ心をしらんとならば、先づわが小さきこゝろをつくすべし。小心とは、妄想分別なり。……この心を尽せば、われ人のへだても、仏と衆生の隔てもなくして、皆、平等にして、さらにへだてあることを知らず。これを大心といふなり。此の意は虚空のかぎりなきがごとし、是れ則ち一切衆生のわれ〱の上に元来そなはりたる本性なり」。以上はまるで蘭渓の注を仮名文にしたようである。

解説はそこまでで、次に著語が始まる。ところで大心だというと、どこかにそんな心があるのかと囚われて探し始める。それに対して蘭渓は一撃を加える。『臨済録』の語を引いて「(ソラソコニ)、眼トナッテ見、耳トナッテ聞ク(デハナイカ)」と指摘し、「眉毛ハモトモト眼ノウエニアリ」と著語をするのだ。

(2)心経を説く主人公「観自在菩薩」を解説するのに、唐の司空本浄禅師のことばを引く。「処に応じて無心なる」ことを会得した者であって初めて「観自在」と呼ぶことができるという。「五蘊、皆空なりと照見して」の一節も外境に染らず、自ら返照して自性を徹見(見性)することであると主体的、実践的な捉え方をする。色(存在)と空(実体なきこと)との関連でも、色は空の用(はたらき)であり、空は色の体(本性)であるという、大いなる一心の体用論法を展開するわけである。

「空は色に異ならず」の段で、肝心なことは、心空(自性の源・無心)を了悟すれば、あらゆる存在の自空(自性の空なること)がわかる。そして真空の端的はどうかといえば、蘭渓は「山上ノ鯉、水底ノ蓬塵」と径山道欽禅師のことばで著語をする。ぼんやりしていたら「山の中で鯉を泳がせてごらん」とでもいう公案がとび出してくるかもしれない。

(3)「不生不滅」の句の理解も、心空の立場から、実体のないぎりぎりの処、ちりのかけらもないと一応、解説し、そこで蘭渓は禅床を一打して「還ッテ聞クヤ」、聞いたかなと問う。そこに不生の生の現前を提示する。心経に対する解説と著語が微妙なバランスを保っていることがわかる。

「亦た老と死の尽くることもなし」を解説して、あらゆる衆生が同じ清浄によるという実相を証得すれば、何が尽（なくなる）ということがありましょうかと。「シバラクシテ云ウ、張サンガ酒ヲ飲メバ、李サンガ酔ッパラウ」と著語する。

また「苦も集も滅も道もなく」という一節の中で四諦の説明があり、集諦とは「経論中に向かって妙理を求む」という見解は一風変わっておもしろい。教外別伝の禅はただちに真寂なりと解説する道諦におさまる以外はないというのだろうか。

(4)「故に知るべし、般若波羅蜜多はこれ大神咒……」の一節では咒とは契当であって、心と行とが相応するのが契という。この説明は唐の南陽慧忠禅師の『心経註』に依っている。心経の功徳は直に行じ、直に用いて、仏や祖師と差別がないから無等等咒というのですと、蘭渓は説明して、「そこで無等等咒が見たいかね」と問う。しばらくして「鎮州ノ大根ハモトモト大キイ」と著語している。

「よく一切の苦を除き、真実にして虚ならず」の解説では、諸仏はこの咒によって菩提を得たから虚ならずというのである。そのはたらきは街頭にあっても孤峰頂上にあっても真実を現前し、自在に受用できると説明する。蘭渓は、だれがこの現成の端的を知るものがいようかと自問して、「長ニ憶ウ江南三月ノ裡、鷓鴣(シャコ)啼ク処、百華香バシ」という著語でもって真実の風景を歌っている。

心経の最後の題「般若心経」の四字に対して「再犯(サイボン)ハ許サズ」(同じ手口を二度とは許さないぞ)との着語でしめくくっている。この四字への一撃は心経二七六字からできた自覚への小船を粉砕する。蘭渓道隆禅師はそれが真空を説く心経の本望ではないかといっているように思われる。

観自在とは自ら(みずか)のことなり

盤珪永琢禅師は播州の出身で、網干、龍門寺の開山となり、各地に多くの寺を中興した。経典や祖録によって仏教や禅をむずかしくして説かなくても、日常の平話で、しかも「不生(ふしょう)」の二字で真実を提示できると唱導した。近世禅界において独創の存在である。禅師の『般若心経鈔』(註解・和解・燃犀(ねんさい)などの写本名をもつ)は平生ありのままのことばで説示するという主張どおりすぐれた仮名抄である。主旨は簡明、平易で心経理解を通じて、不生にして霊妙(れいみょう)なる仏心は、ありのままの自心にほかならないと教える。

古田紹欽博士の盤珪鈔のご研究によると、表現は異なってもほぼ内容が同一である天桂伝尊（てんけいでんそん）禅師（曹洞宗）の作と伝えられる『心経止啼銭（していせん）』（一巻）のオリジナルは盤珪鈔に発すると考証しておられる。書誌の上で諸問題があるが、盤珪の真意をさぐってみよう。

(1)冒頭の題号を次のように解説している。

「摩訶般若波羅蜜多心経」とは、「天竺の言なり。唐にては摩訶を大と云ふなり。般若を智慧と云ひ、波羅蜜（多）を到彼岸と云ふ。経とは自心なりと知るべし。夫れ是（これ）（経）は釈迦、達磨の作でもなく、千仏万祖の作でもなく、人々本来明かなる心なり。始なきが故に終あることなく、草木国土、十方世界、常住一相の心にして、終に迷ひも悟りもせぬ物なり」

「経とは自心なり」と徹底する見解は独自なものがあるが、一休作の『心経解』にも同趣のものが見られる。すなわち、「経とは詞にあらはし、文字に書きうつしたるを、心経といふにあらず。此の経は、則ち自心をさしていふなり」。ともに禅からの経典観の一端がうかがえる。

さて以上の経題の定義を挙げたのち、懇切丁寧にその定義にまつわる「見」（固定化）を肯定の面でも、否定の面からも、一つ一つほぐして行く。「それならばどのように心得べきと云ふに、どのようなりとも心得やうがあれば、こしらへ物になる」。これは意識のこしらえ物を自然に除いて行く作業である。そして「只、心経じゃと云ふからは、只、自らの心を鏡に顕はしたとみるべし」と結ぶ。

(2)「観自在菩薩とは自らのことなり。自らならば、なぜ観自在ぞと云ふ中に眼を開けば、山河草木、青黄白黒、大小方円きらりと顕はれ、耳に通ずること千万の音、六根皆その如く、千万のこと一度に対して一つも見ぬことなく、聞かぬことなく、この心の自在なること、何に譬ふべき物がなきなり」。自心の自在性が観自在（観音）にほかならないことを示している。この点は天桂禅師も、盤珪と空海の『秘鍵』の影響を受けて「心は自心なり、観自在菩薩は異人に非ず、汝ら諸人、是なり」と鮮明にいい切っている。白隠禅師の『毒語心経』にも「是非、憎愛すべて抛げうてば、汝に許す、生身の観自在なることを」と同趣の指摘がある。

(3)「深般若波羅蜜多を行ずる時」この一節の解説はもっとも盤珪らしく、行と時に眼が向けられる。すなわち「行ずると云ってこしらへて行ずると云ふことにはあらず。日用動作の上が般若を行じて居ることを知るべし」。「こしらえ」は分別の影である。次に「時」について「時と云て、般若の智慧を行ずる時分があると云ふてなきなり。如是のこと自ら親しく知りたる其の時なり。この事を知て、一切二六時中さはりなければいつもこの時で居るなり。心の外に別の時がなきなり。無始より以来、尽未来際、只此の一念一心一時なり」。この一節は誠に親切というほかなく、わき道に入ろうとする自心をひきもどし、目前にもどしてくれる。盤珪は心経が「五蘊皆空」と

説くのも、あらゆる衆生が生死の往来をする上に不便だろうという気心から休息所を示してくれるのだといって、道元禅師の道歌の

「水鳥の行くも帰るも跡たえて、されども道はたがわざりけり」を引く。

空というのは色を消して空ではなくして、ありくとありながら空だと説明する。そして、その方法は、「事々物々、順逆一切のうへは、大きなることでも、小さきことの上でも、子細に自心自性のなきことを照し、かへしぐ親切にすれば、独り生死の手が離れ、此の一段に説く処の真空が、ひしときはまるなり」。実に盤珪の実践論はこの一節で尽きている。

「阿耨多羅三藐三菩提（あのくたらさんみゃくさんぼだい）を得たまえり」の理解として、正覚と迷いを次のように譬える。

「迷ふたと云ふは、己が家に居りながら、忘れて余所の家に居ると思ふやうなものぞ。我が家じゃと知ったと云ふても、今初めて己が家に入りはせぬ、本来より本宅（本覚）なり」。このような自心の本然の宅を指して、盤珪は「自心般若波羅蜜」と呼んでいる。

このような蘭渓と盤珪の両禅師の心経理解を通して、前者はその出発点であり、後者はもっとも日本的に展開したあり方の相違はあっても、共に日本臨済禅に一貫した心経看読の態度がうかがえるように思える。

一休と般若心経

平野宗浄（ひらのそうじょう）
（花園大学教授）

真贋（しんがん）見分けにくい仮名法語

一休和尚のことを知るには、まず『狂雲集』『自戒集』を読み、さらに『一休和尚年譜』を読むというのが常識であるといえる。しかしそれ以上というかそれ以外の資料を求める時、われわれは大きな困難にぶつかる。それは一休和尚作と伝えられる仮名法語類である。何が困難かというと、どれが一休和尚の真作で、どれが贋作か全くわからないことである。『狂雲集』『自戒集』『一休年譜』には、それぞれ一休和尚の直弟子たちの筆写本や、それに近い室町時代の写本類が現存するが、仮名法語類には残念ながらそういう信用のできる写本類が皆無である。もちろんそれは寡聞である筆者の断見に過ぎないかもしれないが、というのは筆者が大徳寺山内の真珠庵で小僧生活をしていた頃、先師故山田宗憲和尚から一休和尚真筆の「骸骨」を見たことがある、ということを聞いたことがあるからである。しかしそれも現在実物か或いはその写真がない以上は風聞にしかすぎないことになる。しかし一方これらの仮名法語類が、全部贋作であると断言することもまたできない。江戸時代に版本となっており、一般的に一休和尚の作品として伝わっているものには『あみだはだか物語』『二人比丘尼』『仮名法語』『摩訶般若波羅蜜多心経』『水鏡』『仏鬼軍』『骸骨』がある。そしてこれらの作品は、『狂雲集』や『自戒集』などと禅風として共通するところはほとんど見られない。しかしこれらの仮名法語類は一貫した思想傾向を持っていることもたしかである。その思想傾向がどうも般若の空思想を根幹としているようであり、それゆえ、『摩訶般若波羅蜜多心経』と題する心経の講義を中心に諸本を見てみることによって一休和尚の大衆教化の一端がうかがわれるかもしれない。

まず伝一休和尚作、『摩訶般若波羅蜜多心経』の要所を順を追って紹介してみよう。これは般若心経の熟語を全部要領よく解釈した提唱風な講義ともいえる。最初の摩訶という言葉の解釈が既に提唱である。摩訶は「大という心」だという。そして「大という心を知ろうとすれば、先ず自分の小さな心を無くしてしまえ」と実践的な説き方をする。「この心をなくせば我と他、仏と衆生の隔てがなく、有無の心、迷い悟りも皆平等であり、これを大心という」「般若とは小智ではなく大智であり、妄想分別をはなれて大虚空のようで、三世の諸仏はこの智慧で無上菩提をさとられたのだ。波羅蜜多とは彼岸に到るという心である。般若の智慧で自心は本来空で、生ぜず滅せずと悟れば、生死をいとうべきこともなく楽もない。これが真の極楽で、ここに到るのを到彼岸というのだ」この辺はオーソドックスだが、心経という文字の解釈では「この経とは自心をさしていう」といって禅的ないい方をする。そしてこの区切りのところで古人の和歌を十四首も掲載している。森大狂氏はこれは後人の加えたものであると断言しておられるが、おそらくそうであろう。内容もマンネリズムであまり秀歌とは思えない。このあと五ヵ所に数首ずつ置いているが、著語的に見てもあまり冴えた置きかたではない。

行深般若波羅蜜多時では「これは般若の修行ということで、修行すべき事のない処に到り得るのを般若の修行という。だからこれは僧俗のへだてなく、士農工商のへだてなく、一つの職業に徹せよ」という。しかしこの士農工商という言葉が問題である。これは江戸時代にでき上がった概念ではなかろうか。もし士農工商という言葉が室町時代にまだ無かったとしたら、この法語は一休和尚作ではないという決めてになるであろう。

心経の中心点がぼける

次は照見五蘊皆空の解釈であるが、五蘊については現在の仏教学から見れば実に大ざっぱなものである。しかしこれが次の色不異空、空不異色、色即是空、空即是色、受想行識、亦復如是に続いて、この文の中核をなし、やがて仮名法語類の思想的中心となるのである。「この色身の主は本当に有る物のようには見えるが、夢のようであり、結局は空である」この色即是空の解釈は筆者にとってはあまりすぐれた解釈とは思えないが、しかしこのような考え方が、仮名法語類全体を支配しているわけではない。衆生教化の方便としてあえてこのような説き方をするのであろう。色即是空ということを水と波のたとえで説明しているが、これはあまり良いたとえとは思えない。ここに置かれた和歌を見てもそれがわかる。

春の花秋の紅葉のちるをみよ
　色は空しき物にこそある
雲晴れてみどりに晴るる空みれば
　色こそやがて空しかりけれ

空(くう)ということを空しい、はかないという解釈でだんだん全体を把握してゆくパターンは、どうもあまり感心しない。また次の六根六識の無、或いは十二因縁の無を説くところなどは全く個性がなく、とおり一遍の解釈にすぎない。四諦の無のところもまたそうである。さて次の心無罣碍というところにまた数首和歌が入る。

野にたてる枝なき木にもおとりけり
　後世しらぬ人の心は

これらも初めにいった如く、そうすぐれた和歌とも思えないが、一応参考のために記録しておこう。最終の段につけた和歌もそうである。

おろかなる心の中を尋ね見よ
　外にほとけの道しなければ

色も香もなべて空しと説く法の
　言の葉のみぞ誠なりけり

くもりなくむなしき空に澄月も
　心の水にやどるなりけり

そして夢窓国師作といわれる有名な

出るとも入るとも月を思わねば

心にかかる山の端もなし

という和歌を記し、最後には一休和尚の和歌と伝えられるものでしめくくられる。

夜もすがら仏の道をたづぬれば

我心にぞたづねいりける

空の思想を託せる歌・法語

このような説き方が、他の仮名法語ではどのように表現されているか少々考察してみたい。『あみだはだか物語』というのは、小笹の小将為忠という人が一休和尚に弥陀について質問する問答体になっている。「阿弥陀仏は石の中の火の如し」「たとえば不浄な泥の中に交っている石でも、これをとり上げて清浄にして打出せば火が出るようなものだ」などという面白い表現が見られる。

しかし最終の段では

わけのぼる麓の道は多けれど

同じ雲井の月を見るかな

という有名な和歌が出てきて平凡な結末となる。その点『二人比丘尼』というのは高度な空思想をやさしく説いている。「一切のものをみる時、皆むなしいと思う念のおこるのもむなしいと思ってはいけない。むなしいとも思わないところを、よしとも思ってはいけない。結局は一切の物をよしとも悪しとも思わないところを、よしとも又思わずに、つねに坐禅せよ」という。また「一切がむなしいといいきってはいけない。むなしい虚空から一切のものがはぐくまれ、一切の色をなすのだ。一切の色をはなれて一切の色を出す虚空であるから、それを本分の田地というのである」これなどは『中論』をふまえた理論をわかりやすく表現しているといっていいのではなかろうか。しかもそれだけではなく、「仏法を修行するということは、仏法をならうということではなくて、わが愚痴を破ってゆくことだ、愚痴とは迷悟凡聖の四相である」といい、極めて実践的な説得のしかたをしている。だがこの作品にもやはり空を歌った和歌が二、三掲載されているのは他と同じパターンといえよう。

さくら木をくだきてみれば花もなし
　花をば春のうちにもちけり

それは『仮名法語』と題するものも同じである。

あら楽や虚空を家と住なして
　心にかかるそらさへもなし
ひきよせてむすべば草の庵にて

とくればもとの野原なりけり

そして『水鏡』もこのようなたぐいの和歌が中心をなす。

心とはいかなるものをいふやらん

すみ絵にかきし松風の音

ほらぬ井にたまらぬ水の波たちて

影もかたちもなき人ぞくむ

『骸骨』にいたっては三十首も和歌が見られる。そしてその説きかたの根本はだいたい空思想であるといってよく、それぞれの和歌の調子がきまっている。それゆえこれらの仮名法語類の中で、どれかが本物でどれかが贋物であるにしても、一休和尚の大衆向け説法はおそらくこのような形でおこなわれたであろうことは予想されるし、またその思想的な基本となったものは、般若の空であったことも推理せられるわけである。

白隠と毒語心経

柳田聖山
（京都大学教授）

白隠の生家は、駿河浮島の原宿、わき本陣の長沢氏である。父を宗彝、母を妙遵という。いずれも、俗名は知られぬ。白隠が偉くなりすぎたためである。

父は、のちに白隠の住寺となる原の松蔭寺を中興した大瑞和尚の甥で、伊豆田方郡西浦村江梨（現沼津市内）の杉山氏から、長沢家に養子に入っている。長沢家は、甲州身延の長沢村の出で、大石寺日興上人真筆の御曼陀羅を、代々伝えた家柄である。白隠が幼より法華に親しむのは、母の胎教のせいだ。

先年、日蓮入山七百年を記念して、身延秘宝展が開かれたとき、初めて見る日蓮の水鏡の御影が、白隠の自画像に生き写しなのに驚いたのを思いおこす。白隠は、この御影をみていたにちがいない。この人の画や書に感ぜられる不気味な迫力、いい知れぬ泥くささの正体が、漸く判明する思いであった。

日蓮は、みずからセンダラの子と名のる。センダラの子ゆえに、かれは生きながら日本の柱となった。白隠がセンダイ翁と名のるのは早い。ここに問題とする延享改元、六十歳の冬に書かれた毒語心経は、すでにこの名を用いている。センダイとは、不成仏の意である。地獄一定の自覚が、そこにある。地獄が怖くて、母の懐にしがみついた青年白隠にして、この名は新しいすごみを秘める。白隠というのも、白法隠没の五濁悪世を生きる孤独な求道者をしのばせる。白雪をいただく霊峰のイメージからくるという説も、かつてその山麓に病の身を養った日蓮あってのことだ。生涯、白隠は足しげく甲州に入る。山峡の霊気が、かれを引くのである。白隠もまた日本の柱となる。

先にいう自画像に、かれは次のような自讃のことばを書きつけている。

千仏場中、千仏に嫌われ、
群魔隊裡、群魔に憎まる。
今時黙照の邪党を挫き、
近代断無の瞎僧をみなごろしにす。

者般の醜悪の破瞎禿、
醜上に醜を添うること、又た一層。
白隠がセンダイと名のる心情は、この自讃に総括される。仏魔も怖れなすこの糞坊主は、血刀ひっさげての破邪顕正を稼業にしている。人を傷つけ、法を謗るものは、到底成仏の見込みがない。わたくしは、ここに日蓮の肉声をきく思いがしてならぬ。追放・流罪を覚悟の闘いである。いったい、そんな白隠の破邪顕正の姿勢は、元文十年五十六歳の息耕録開筵普説に生々しい。この本は、わが大応国師の師にあたる、宋の虚堂の語録を提唱するに当たっての、イントロダクションである。白隠はここで、当時の大陸を代表する雲棲の念仏禅と、福州鼓山元賢の曹洞禅を排撃する。いずれも、黙照の邪党、断無の瞎僧であった。白隠はこのとき初めて、自分が正法をつぐ信州飯山の隠者、正受老人の名を挙げる。正受は無難を介して愚堂をうけ、愚堂は遠く大応の正法をうける。虚堂が日本僧に託した一縷の法は、今や白隠自身の手にある。
白隠が愚堂を高く評価するのには、別にもう一つの理由があった。あたかも同時、日本の朝野を風靡していた盤珪の不生禅を、邪法として退けるためである。今、そんな歴史的せんさくに深入りできないが、白隠が毒語心経をつくるのは、盤珪の不生禅の根拠として、般若心経が曲解されかねぬゆえであり、一半の責めは、仏陀その人にあるとみてのことだ。白隠の毒語心経は、般若心経の一つのコメントにすぎないが、古来、この経の字数を上まわるほど作られたコメントの中で、断然異彩を放つのはこのゆえである。

大乗仏典は、かつての小乗の毒素をテッケツするために出現した。維摩は声聞・縁覚のみならず、ボサツまで叱咤する。般若心経が無苦集滅道といい、無無明亦無無明尽と説くのは、舎利弗を相手に、かつての仏説を撤回するものだ。大小乗の仏典を、すべて仏陀金口の説とするなら、矛盾もまたはなはだしい。この男は生涯にわたって前言をひるがえし、弟子をだましつづけた大詐欺師だ。

それは、既成のドグマ（宗教の教義）の落とし穴であるにとどまらぬ。それを批判し警戒するものもまた、同じ毒素を吸って生きる加害者であることを示す。さりとて、批判を怖れ避ける負け犬は、当初より問題外である。道い得るも三十棒、道い得ざるも三十棒とはそのことで、四句を超え百非を絶したところで一句を言えと、唐の禅者がせまるのは、毒素の所在を提示してのことであったろう。

唐の禅者、つまり正法が生きていた当時の本物の眼あきによると、大乗はすべて対病の薬である。仏陀は人々の病に応じて、処方を書いた。八万四千の法門は、八万四千の煩悩をおさえる気慰めであった。しかし、薬はつねに副作用をもつ。そんな毒素を消すために、さらに新しい薬が投与される。無苦集滅道がそれだ。この調子でゆくと、人類は薬づけになっても助からぬ。もともと、薬を沢山つかうのはヤブ医者だ。病まぬ人、本来健康な相手に、仏陀はいったい何と説いたか。問題は、むしろここにある。大小乗のことばが対病の薬であるかぎり、この問いに答えることはできない。

こうして、白隠の毒語心経のねらいが、漸く分明になってくる。

白隠は、般若心経を薬とみない。仏陀も免れることのできぬ毒語とする。それ自らは決して正当化されることのない狂言綺語として、かれはこのお経を再評価するのだ。

たとえば、この作品の初めに、白隠は次の句を添える。

葛藤窟裡(かっとうくつり)の瞎老漢(かつろうかん)、棍(こん)無うして却帰す、草裡(そうり)の坐。

わたくしはこの句に、生涯あれこれ妄言を吹いてまわった末、老いさらばえて盲目となり、一着のふんどしすらすりきれて、生まれたままの素裸で、故郷の荒草下にかえって来た仏陀の姿をみる。そんな健康な野性の言葉をこそ、センダイは耳かたむけて待ちかまえていたのだ。この男は、本来病まぬ大馬鹿のゆえに、成仏することもない。

白隠はさらに、先の二句につづける。

言う莫(な)かれ、冷淡にして滋味(じみ)無しと、一飽能(よ)く万劫の飢(うえ)を消す。

宋の禅録に出所のある句だが、今は、無味こそ最上の味という、老子のことばによることだけ注意しておけばよい。冷淡で、何のソッケもない無味こそ、仏陀の言葉の本領だというのであり、万病をいやす薬は、そんな薬ならぬ薬である。白隠がよく「灯下に爪を切らず」という、日本製の句を好んでつけるのも、おそらくそんな薬ならぬ薬を指す。人は無事であるときが、一番貴い。仏陀に対する白隠の挑戦は、この作品の最後で、無等等咒のところに、次の四句をおくことによって完成する。

徳雲の閑古錐、幾たびか妙峰頂を下る。
他の痴聖人を傭うて、雪を担うて共に井を塡む。

この四句もまた、宋の雪竇に負う。その意味は、おおよそ次のように解せられる。

疲れはてた徳雲ビクよ、何ど妙峰の山路を上り下りなされたことか。大馬鹿野郎とコンビをくんで、そなたはせっせと井戸に雪を運んで、埋め立てに夢中になってござる。

徳雲ビクは、原名メーグハシュリ。華厳経入法界品で、善財童子が菩薩行を完成するべく、文殊の指示に従って南方に善知識をたずねたとき、最初に出会った男である。かれは、自分の棲む妙峰を忘れて、生涯別の山をうろつく。善財はこの男から、そんな無所住の心を学ぶのだが、徳雲ビクに寄せる雪竇のそんな讃歌を、白隠はありがたいとするのだ。

般若心経が、無等等咒というのは、この上もなくありがたい歌のことである。白隠はそこに、雪で井戸を埋めたてる無意味な行為を、生涯つづけて飽きぬ大馬鹿の心を読む。それが、一切衆生悉有仏性といった普遍命題の上に、どっぷり薬づけになっている、今の世の賢者たちを批判する、痛烈無比の譬えであることは、いうまでもない。

「百合の皮をはいで実を求める」という句を、白隠は一再ならず使う。これもまたかれの造語だろうが、その意味は、単に空虚で馬鹿げた作業というのではない。百合の皮を一枚一枚はいでゆく、無心の実践がありがたいというのである。

じつは、先の雪竇の四句には後日譚がある。

寛延庚午（一七五〇）の春、白隠は洞山の五位の歌にコメントをつけるが、その最後のところに、再びこの四句を引いている。そこに、かれの執念のほどがうかがえる。

洞山の五位のさいごは、「人々尽く常流（じょうる）を出でんと欲し、折合（やりくり）して、還帰す炭裡の坐」というのであり、尾羽うちからした老人が、故郷の家の炉辺（ろへん）におちつく死にざまに、先にいう無事これ貴人の境地を見るのだが、白隠はこれを不満として、徳雲の四句に代えるのである。かれはそこに曹洞風の、黙照断無の残滓（ざんし）をみている。

いずれにしても、毒語心経をまとめるについての、白隠の取りくみにはまことに並々ならぬものがあった。片々たる短経のコメントに、かれは全身全霊をかけたといってよい。今はわずかに、その初めと終わりの数句をとりあげてみたにすぎぬが、そこにかつての日蓮が、あの法華経にかけた情熱に比すべきもののあることがわかる。

何がそこまで白隠を駆りたてたのか。

ここにはただ一つ。後年、白隠がその将来を嘱する、愛弟子東嶺円慈の入門について注意しておこう。東嶺が二十三歳で初めて白隠に参ずるのは、毒語心経が作られる前年である。東嶺は、すでに一家の学者であった。かれはやがて師の指示によって、自分の注と毒語をあわせて一書をなす。これが、白隠と東嶺の後半生の事業を決する。洞山五位のコメントもまた東嶺の編集であった。飯山正受庵の墓塔も、江戸至道庵の再建も、すべて東嶺の手に成っている。白隠の破邪顕正の闘いは、この人を得て軌道にのる。白隠は、漸く日蓮の胎を出る。毒語心経の製作は、そんな東嶺との二人三脚の門出を意味した、といえないか。

第三篇　私と般若心経

ある娘さんとその母

高田好胤（たかだこういん）
（法相宗管長・薬師寺管主）

薬師寺東院堂の裏に観音さまの小さな石仏がひっそりと建っています。この観音さまは若くして世を去った神戸の森めぐみさんという娘さんの供養のために作られたものです。めぐみさんは学生時代から奈良の古寺や仏像が大好きで、休日にはいつも訪れていました。そして卒業後、教師となって最初の年の晩秋の一日、両親を伴って奈良をたずね、ほとんど終日を薬師寺の境内で過ごし、ことに東院堂では人気のない裏の縁に腰をおろして持参の弁当を使いながら親子三人心ゆくまで話し合いました。ところがそれから一年も経ずしてめぐみさんは喘息のためわずか三日間寝ただけでなくなってしまったのです。

死の直前、めぐみさんは「お母さん、お経をあげて！」と叫び続けました。森さん一家は熱心なクリスチャンでお経など全く知らなかったのですが、めぐみさんの必死の願いにお母さんは小さい頃に聞き覚えていた「ギャーテイギャーテイ、ハラギャーティ、ハラソウギャーテイ」と般若心経の一節をそれとも知らず夢中で繰り返し唱えました。めぐみさんはそれを聞きながら安らかな表情で息をひきとっていったのです。

私は後にこのことをめぐみさんのご両親から直接お聞きし、森さん親子にとって最も思い出深い東院堂の裏に小さな石仏を建てることを思いついたのです。ご両親は大変喜んで下さいました。熱心なクリスチャンの家に育っためぐみさんが何故死の間際にお経を望んだのか、恐らく彼女の脳裡に優しい仏さまのお姿がうかんだからでしょう。奈良の古寺や仏像をこよなく愛して何度も訪れているうちに、めぐみさんはいつしか仏縁を頂いていたのです。そしてその仏縁が、お母さんの口から般若心経を誘い出し、めぐみさんの死を安らかなものにしたのです。般若心経は国民のお経として多くの人々に親しまれておりますが、こういったところにもそのゆえんがあるかと思われます。

私が寺へ小僧として入って最初に習ったのが般若心経でした。これを覚えるために怒鳴られたり叩かれたり、随分辛い思いをしました。そしてやっと覚えると今度はその意味を勉強せねばなりません。そこで「般若心経講話」「般若心経講義」等、般若心経の解説書をいろいろと読みあさったものでした。こうして長ずるに及んで私も人さんから頼まれて般若心経の講義をするようになりました。般若とは、波羅蜜多とは、心経とは、観自在とは……というように一語一語をかみしめて講義をしているうちに十五回から二十回位続いたでしょうか。時間にして延べ三、四十時間近くかかったと思います。しかし、これだけ時間をかけて一所懸命講義したにもかかわらず、何ともいえない侘しさが残るのです。なぜなら般若とは知識ではなく智慧であるのに、講義を終わってみると知識で説明していたことに気付いたからです。胃液が食べた物を咀嚼して人間の体力を作るように、吸収したいろんな知識を智慧が咀嚼してそれが人間の精神力になるということで、智慧がなければどんな知識も本当の役には立たない、そのいちばん大事な智慧を説こうとしながら終わってみると講義という形において結局、知識を説明してしまっている。本当にもどかしく思うと同時に自分には般若心経を説くことができないのだろうか、といった侘しさが胸一杯に広がっていったのです。

そんな苦く辛い体験を重ねつつあったある日、京都の国際会議場で講演をいたしました。外国の方も大勢おられたので、私の話は同時通訳されているということでした。同時通訳、私はこの言葉を聞いて「般若心経は唱えてみるとわずか二分半から三分間の短いお経だ、それを何時間もかけて講義するなんて同時通訳のできる現代においては時代遅れではないか、三分間のお経ならその同じ三分で説明できないものだろうか」ふっとそう思いました。以来、般若心経の五分間講義を心がけて懸命に努力した結果、体調のいい時はズバリ四、五分でうまくきまるのですが、体調の悪い時は十分、十五分かかってもうまくいきません。けれども私はどのような時にでも短い時間で般若心経の真髄を説明できる言葉をそれこそ無意識のうちにいつも探しつつ、機会あるごとに般若心経の五分間講義を繰り返し続けていました。こうした私の思いが仏さまに通じたのか、ある時、お薬師さまの宝前でしたが、「般若心経の五分間講義をさせていただきます」と言ったとたん、「かたよらない心、こだわらない心、とらわれない心、ひろくひろくもっとひろく、これが般若心経、空の心なり」この言葉が出たのです。ですからこの言葉は、仏さまから授かったお言葉であるとしか思えません。だからこそ、講演、法話の際に皆さん方にもご唱和をお願いしています。私が自分で作った言葉ならそのようなこと、おこがましくってとてもできたものではありません。

百万巻般若心経のお写経勧進の功徳によって昭和五十一年四月一日に落慶していただきました薬師寺金堂には今、一文字一文字に真心のこもる百七万巻（五十二年十二月末現在）のお写経が納まっております。まことに般若心経の精神が形として現出した南無金堂大菩薩とも申すべきお姿であります。

私ども薬師寺では、般若心経お写経勧進による西塔再建、(昭和五十六年四月一日落慶)につづき、今は薬師寺白鳳伽藍復興のためのお写経勧進を進めております。今の私は般若心経のお写経の功徳によって昭和の日本人の浄らかな心の結晶を白鳳時代の堂塔伽藍のたたずまいとして私どもの子孫に残してあげたい、そんな気持でございます。

先般、同じ列車に乗り合わせた二人の若者が私のそばをいったんは通り過ぎたものの、立ち戻ってきて「般若心経を書くあの坊さんやがな」と言って合掌して次の車輛へ去っていきました。嬉しかったですね。そして今後もなおいっそう般若心経お写経勧進の道に精進せねばとの誓いを新たにしたことでした。

自在研究所のこころ

森政弘（もりまさひろ）
（制御工学者・ロボット工学者）

十年前に、技術者として技術を愛し技術の進展に及ばずながらではあったが、努力していた私は、技術の進展を妨げているある大きな原因を気付かせてもらうことができた。その原因とは、しばしばいわれる、研究費や、計量的頭脳や、技術開発環境などの不足ではなく、直接間接に技術に関係する人々の頭脳の硬直さであった。だから、現在、技術に懸命になることも大切ではあるが、同時に何とかして柔軟でとらわれぬ考え方を技術関係者全般が身につける必要を痛感し、大学や官庁や企業とは別のところに、その考え方を修練する全く新しい構想の道場を開設することを提唱した。

幸い十数人の学際的構成の同志によって一九七〇年三月その道場は創立された。名前は、設立準備段階では自由研究所という仮称であったが、いざ正式の名称決定となると、自由という言葉がどうもひっかかり、自由自在というから自由よりも自在がよかろうという単純な発想で、「自在研究所」と決まった。

その後しばらくは自在の深い意味も知らぬままに進んだが、二年ほどたったある時、大学の仲間の教授の葬儀で、般若心経と観音経の偈とを、私としては初めて読誦させてもらった。「自在」が仏教語であることを知らなかった私は、まず心経の冒頭でドキンとさせられた。観自在菩薩……。観音経にも……自在之業普門示現……とある。これはえらいことだ。自在研究所の提唱者である私は、その因縁に緊張せざるを得なかった。

その年の末、自在研究所のメンバーが、現在海禅寺の住職をされている後藤栄山禅師のところで参禅させていただいた。帰りがけに禅師は私に一言、「自在研究所ということだが、自在の意味を知っとるか。がっちりと勉強しなさい。」と申され、しばらくして、「鼇（ごう）頭注心経」と白隠禅師の「毒語注心経」とを恵送して下さった。

それ以来、私は深遠な仏縁に目覚めさせていただくことができ、自在研究所も仏教教理を応用して、技術救済にはげませてもらっている。

ところで、心経は、私の努力不足のせいにちがいないのではあるが、よくわからないというのが正直なところである。濃縮されつくした大説法であろうことは理解できはするが、たとえば、なぜあのような姿に濃縮されなければならなかったのかというようなことについてはわかっていない。仲間や後進に法を説かせてもらうに際しても、金剛経や法華経の方が私には使わせていただきやすいのである。

しかしとにかく、心経は私にとっては大きな大きな仏縁である。だから、けしからぬことかもしれぬが、うがいの最中も、印を押す時も、車の運転でカッとなりかけた時も、観自在菩薩行深般若波羅蜜多……。読経中に電話がかかってくると、小学一年の娘が出て、「パパは今、ギャーテーギャーテー中なの。だから後にしてね。」

母の心経

横尾忠則（画家）

般若心経はわれわれ日本人にとって最も親しみやすいお経である。このお経を聞いたことのない日本人は一人もいないだろう。小さい頃からどこかで聞いて育ってきたものだ。ダラダラと棒読みする般若心経は子供心にも何か深いものを感じさせてくれた。いろんな読み方があるのだろうが、母などはとてもあわただしく急いでいるように読んでいた。そんな母の横顔をみていると完全に忘我の状態になっていた。

読んでいるというより読まされているといった方が当たっていた。その証拠に、母が母でないように見えた。読経が深く入っていくにしたがって、声が母の声ではなくなっていった。何かにつかれているといった感じで、横にいて少し怖くなったくらいだ。興がのってくると体を上下に揺り、そのうち合掌した両手で胸を強く打ったり、突拍子もない声をあげて、座ったままぴょんと飛び上がったりもした。まるで狸か狐がついているみたいだなあ、と思って見つめていたものだ。

しかし母は常に般若心経はありがたいお経だとつぶやいていた。そして母は死の床でも最後まで般若心経を忘れなかった。般若心経と共に死んでいった。自分で自分の葬式をしていったようだった。

般若心経を聞くと今でも母のことを思いだす。昨年一年間ぼくはいろんな禅寺に参禅した。その際、般若心経を唱えることが多かった。自分の声と重なって母の声が聞こえてくるような思いが何度もした。またある夜夢を見た。母が般若心経の写経をしている夢である。ぼくがいるのに気づいた母は写経の手を止めて、そのますーっと空気の中に消えてしまった。ぼくに般若心経をあげてもらいたがっていたのかもしれない。

母は般若心経を熱心にあげていたが、このお経の意味するところは知らなかったはずだ。ぼくも子供の頃お経に意味があるとは思ってもみなかった。般若心経の意味は特に深淵である。こんな短いお経に宇宙の全てが語られているとは思いもよらなかった。もし母が生きていれば般若心経の意味を読んであげれば喜んだかもしれないとぼくは今そんな風に思っている。
だが、母はすでにこのお経の意味するところはちゃんと体で知っていたのだろう。般若心経に導かれながら死んでいった母は今頃このお経の世界にいるかも知れない。母にとっては意味などどうでもよかったのだ。お経をあげる心がすでに般若心経の世界と一つに溶け合っていたのだから。

われわれはつい般若心経の意味を問題にするが、果たしてこんなことでこのお経の世界をわかったといえるのだろうか。母にとっては般若心経の言葉一語一語が真理だったはずだ。もし般若心経が真理を述べているのならば、その意味を追うより言葉を口にするほうがいいのではなかろうか。言葉には言霊（ことだま）というのがある。この言霊と波動を合わせれば自然に言葉の意味するものが体の中に入ってくるはずだ。そのことを母は信じていたようである。

意味を分析して哲学的に般若心経の世界に入っていくのと、忘我の状態で般若心経の世界と一体になるのとはどちらが真理に早く到達するだろう？　ぼくはかつて母のように般若心経と一体になっている人をほかに見たことはない。お経をあげたことさえ忘れているほど母はそれと一つだった。神仏をいつも恋人のように愛している人だった。また両親が喧嘩をしたのを見たことがなかったほど二人は仲が良かった。信仰と生活が完全に一つになっていた。どこかの宗教団体に入るというようなこともなかった。我流の信仰だった。

般若心経を自分のものにしてしまった母には到底かなわない。が、あの情熱的な姿だけはぼくの脳裏に焼きついている。と同時に夢の中の母を想い出すと、ぼくに般若心経をすすめているのかもしれない。

色即是空の世界

田代光（たしろひかる）
（画家）

般若心経について、宗教家や学者以外の方の御意見を伺いたいという依頼を、編集の方から電話でいただいた。

日頃考えている意見を述べればよいと思って、お引受けしたが、改めるまでもなく、たいへんなことを引受けたものだと思った。後悔はしなかったが、ずっしりと肩にのしかかってくる重さをどうしようもなかった。

二千五、六百年前に釈迦が悟りを開いた大真理を、長安から長蛇の山野を越えて南天竺まで尋ねた玄奘三蔵が、仏法の真髄である大般若経の中から、集約した物を、般若心経として、中国に持ち帰ったと伝えられている。今日われわれの坐右にある、摩訶般若波羅蜜多心経は、古代インド語を、中国語に翻訳した経典である。

したがって、二百七十六文字からなる経文は一読しても、百読しても、或いは幾十百回と写経を繰り返しても、経文の中味はチンプンカンプンで、解読することは困難を極めた。

二千数百年も古い古代インド語の解明は霧に包まれた巨峰を仰ぎみる観があった。二百七十六文字は、数万語に訳され、至難なものとされていた。

近年平易に訳された物が出るにおよんで、われわれ凡人にも凡人なりに、世界観を持つことができるようになった。私はもともと仏教学者ではないので、詳細に訳文を記憶したり暗記したりしようとは思わない。私にとって大切なところだけを、繰り返し繰り返し反読して、体得してゆくことだと思っている。

人間としての錬成に、画人としての精進と開眼へのために、つまり私自身の総てのために、般若心経の心を我が心として、生活の中に生かしてゆくことにあると思っている。

私は摩訶般若波羅蜜多心経の題名に大きな深い意味を感じる。内なる偉大な湧き出るような智慧に至る、心の教えというのか、題名自身に哲学がある。

私は般若心経を読唱して、私自身の生活の中にいちばん近い経文は、

色不異空　空不異色

色即是空　空即是色

の八文字である。

絵を描いているとき、考えているとき、歩いているとき、折々の時の中に、意識の外に、意識の内に、色即是空、空即是色が働きをもっている。芭蕉は俳句を舌頭に千遍といっているが、繰り返すというリズムの中から、思わぬ発展進歩のあることがある。

色と空は私にとって数十年来の問いかけであった。絵を描いていると画面の中に、色と空が出てくる。特に水墨の世界に入ると、東洋人独自の空間が出てくる。墨色の中に五彩ありと称して、心象の世界にまで尋ねようとする。さらに無限を求め、点と線の微細な接点と、それ等を全部包みこんでゆく空間の微妙な世界観は、論理を越えた世界であって、筆を持つ、筆をおくといった作業の中だけではなく、起きているとき、寝ているとき、歩いているとき、食事をしているとき、あらゆる意識外のとき、意識のときの、日常茶飯事の中に、常時働きを持っていることである。

したがって、般若心経を丸暗記しても、写経を繰り返しても、内容を熟知してみても、知識の世界だけでは、何の意味もないことになる。知識とか記憶の世界を越えて、行の世界に入り、五体に溶化(ようか)して初めて、心行が血液となるのである。

私は若い頃から、インテリになることを恐れた。画家はアーチストであって、アルチザン（職人〉である。それに徹底してゆくと、行の世界に入ってゆく。行の世界は自ら道の世界に入ってゆく。道の世界を開くと哲学、宗教の世界が近づいてくる。自然と芸術と哲学、芸術と宗教の壁に突き当たる。壁にはいつか扉が開かれ、やがて扉も消え、まさに自在観の世界が明らかになり、光に満ち満ちてくる。

私個人は俗人であるから、その境地に来たとは思っていないが、道を求め、道を開こうとしていることはたしかである。

原始宗教は太陽から始められ、動物霊にまで至っているが、総ては目に見えない物、強大な物への恐れから入っている。現代は恐れから入るのではなく、生命の根元を尋ね、生きる道を求め、人間自身を知るために、生命の鏡として用いる必要があると思う。

太陽系を包む宇宙、太陽熱の巨大な活動、微生物にいたる動植物群、自己の力を過信して地球を汚染してまで、慾得に終始する人間たち、総てをおしみなく包む世界、色即是空、空即是色の世界、私自身もこの中にあって、日常茶飯事の中に、絵筆をとり、瞑想を続ける。

空即是色をどう解くか

駒田信二（こまだしんじ）
（中国文学・作家）

野坂昭如に、「色即回帰」という標題のもとに八編の小説を収めた短篇集がある。その「色即回帰」の文庫本の「解説」の中で、私は次のように書いた。

△「色即回帰」とは耳慣れぬ言葉である。あるいはそういう成語もあるのかもしれないが、おそらくは作者の造語であろう。「色即回帰」一篇を読めば、それが女陰回帰願望をあらわしている言葉だということがわかる。しかも作者が「女陰回帰」と題せずに色即回帰とした所以は、「色即是空」の意を重ねたからではなかろうか。

周知のように「色即是空」は「般若心経」に見える言葉で、形のあるものはすべて、本来実有するものではない、即ち本来は空無なのである、という意味である。

勿論、作者は「色即是空」と割り切っているわけではない。「色即是空」という言葉は人間としてそう割り切ることができないからこそ意義のある言葉なのであって、割り切ってしまえばもう意義はない。もし「色即是空」と割り切れば、もはや小説を書く必要もなく、あるいは生きていく必要すらないかもしれない。彼は割り切っていない。だが「色即是空」という思想が、生きていくということの悲しみの表現として、あるいは醜さの表現として、彼の作家的肉体を形成している、と見ることは可能であろう。少くとも、そう見た方が彼の作品は理解しやすい。＞

ここで私は「色即是空」の「色」を、形あるもの、としたが、それは、一切の現象世界、万物、といった方がよかったかもしれない。万物は本来実有のものではない、実体なく空である、というのが「色即是空」であり、それが「般若心経」の示す世界観であろう。だが「般若心経」は「色即是空」とのみ説いているのではない。「色即是空、空即是色」と説いているのである。実体なく空である万物は、そのままた有形の存在でもある、というのが「空即是色」であろう。

「色即是空」に似た思想は、老荘にも見られる。「老子」第十二章にいう。

五色は人の目をして盲ならしめ、五音は人の耳をして聾ならしめ、五味は人の口をして爽ならしむ。馳騁田猟（ちていでんりょう）は人の心をして狂を発せしめ、得難きの貨は人をして行を妨げしむ。是を以て聖人は腹の為にして目の為にせず、故に彼を去りて此を取る。

美しい色彩は人の目をくらませ、快い音声は人の耳をまどわし、うまい味は人の味覚をそこなわせる。馬を馳せ獲物を追って野がけをすれば人は狂気になり、得難い宝を得ようとして夢中になれば人は行いをあやまる。それゆえ聖人は内を充実させることにつとめて、外の刺激を追い求めない。外を捨てて内を取るのである。――という意味であろう。

さらに「荘子」の斉物論篇にいう。

一たび其の成形を受くれば、亡ぼさずして以て尽くるを待つ。物と相刃（さから）い相靡（なび）き、其の行き尽すこと馳するが如くして之を能く止むる莫し、亦悲しからずや。終身役役として其の成功を見ず、苶然（でつぜん）と疲役して、其の帰する所を知らず、哀しまざる可けんや。

人間たるもの、自然からその形体を受けてこの世に生まれてきた以上、あくせくして自ら身を亡ぼすようなことをせず、自然に従ってその形体の尽きるのを待つべきである。ところが、世俗の人々はこの道理をわきまえず、いたずらに外物にさからったり、あるいは外物を追いかけたりして、その一生を行き尽くすこと、あだかも奔馬の馳するが如くとどまるところを知らない。哀れなことではないか。それでは生きているとはいうものの何の甲斐もなく、いつのまにかその肉体は老衰し、その精神も衰弱してしまうのである。こんな哀れなことはないではないか。——という意味であろう。

斉物論とは、物論を斉しくするという意味である。物論とは、何が是であり何が非であり、何が善であり何が悪であり、何が美であり何が醜であるか、などという世俗的な論議のことである。人間が自然に従わず、かえってそれにさからって、自ら求めて労苦するのは、そのような世俗的な論議、是非・善悪・美醜などの相対的な物論にとらわれているからである。もし相対を超越して、万物は一体であるという絶対の境地に立つならば、是もなく非もなく、善もなく、悪もなく美もなく醜もなく、自然に従ってその生を全うすることができる。——これが荘子の斉物論の主旨である。

「老子」第八章にいう。

上善は水の若し。水は善く万物を利するも争わず、衆人の悪む所に処る。故に道に幾きなり。

最高の善とは水の如きものをいう。水はよく万物に利を与えながら、争うことをせず、人々のきらう低いところにいる。ゆえに水は道に近いのである。

また第七十六章にいう。

人の生くるや柔弱、其の死するや堅彊、万物草木の生くるや柔脆、其の死するや枯槁、故に堅彊なる者は死の徒にして、柔弱なる者は生の徒なり。是を以て兵彊ければ滅び、木彊ければ折るるなり。

人は生きているときは柔弱で、死ねば堅強になる。万物草木は生きているときは柔脆で、死ねば枯槁になる。ゆえに堅強は死の仲間であり、柔弱は生の仲間である。強兵の国が滅び、強木が折れるのはこのためである。

また第三十七章にいう。

道は常に無為にして為さざる無し。侯王若し能く之を守らば、万物将に自ら化すべし。化して欲作らば、吾将に之を鎮むるに無名の朴を以てすべし。無名の朴は夫れ亦将に無欲なるべし。不欲にして静ならば天下将に自ら正しからん。

道は常に無為でありながら、為さざるところはない。王侯がもしこの理を守るならば、万物はおのずから相ともに栄えるであろう。もしこのとき欲をおこすものがあれば、無名の朴を以てこれを鎮めるべきである。無名の朴とは無欲のことである。無欲であり静であるならば、天下はおのずから正しくなる。

老子はこのように柔弱をたっとび、無為であり無欲であり静であるべしと説いた。

老子のこの思想が、一見、退嬰的であり消極的であるのに対して、荘子のそれは、その精神の自由という点において、極めて積極的である。「荘子」の開巻第一章である逍遥篇には、何物にも束縛されることなく優游自適する者の姿が鵬の飛翔にたとえて語られ、人は小知小成を捨てて大知大成をたっとび、無窮に遊ぶ境地に達すべきであると主張されている。

小知小成とは、世俗的地位、栄誉、権力のことをいう。たかだか一つの職務を遂行するだけの能力、一つの地方でほめられるだけの行為、一人の君主の気に入られて一つの国で親しまれるだけの徳、それで満足し、得々としていることを、荘子は小知小成という。なぜなら、それらはみな自然にさからった人為だからである。

人為がいかに自然にさからい、自由をそこなうものであるかを、荘子は次のような寓話を以て示している。

南海の帝を儵と為し、北海の帝を忽と為し、中央の帝を渾沌と為す。儵と忽、時に相与に渾沌の地に遇う。渾沌これを待つこと甚だ善し。儵と忽、渾沌の徳に報いんことを謀る。曰く、人皆七竅有りて以て視聴食息す、此れ独り有ること無し、嘗試みに之を鑿たんと。日に一竅を鑿つに、七日にして渾沌死せり。

南海の帝を儵といい、北海の帝を忽といい、中央の帝を渾沌といった。儵と忽はいつも渾沌の地で会っていたが、渾沌は二人を親切にもてなした。二人は何とかして渾沌の徳に報いようと相談した。「人間にはみな目と耳と口と鼻と、あわせて七つの穴があって、見たり聞いたり食べたり息をしたりすることができる。だが渾沌には何もない。お礼に穴を掘ってやろうではないか」相談がまとまると、儵と忽は日に一つずつ穴を掘った。すると七日目に渾沌は死んでしまった。

　これは応帝王篇にある寓話である。応帝王とは、応(まさ)に帝王たるべしという意で、帝王たるべき道を説いた篇であるから、この寓話も、帝王の道は人為を廃して無為をたっとぶべしと説いたものであろう。

「老子」第四十八章にも、

　学を為(おさ)むれば日に益し、道を為むれば日に損す。之を損して又損し、以て無為に至る。無為なれば則ち為さざるなし。天下を取るには常に無為を以てす、其の事有るに及んでは以て天下を取るに足らず。

という。学べば学ぶほど知識はふえ、道を修めれば修めるほど知識はけずり取られていく。知識をけずり取りけずり取りしていけば、無為の境地に至りつく。無為であるということは、為さざることがないのと同じである。無為であってこそ、よく天下を治めることができるのだ。人為によって天下を治めようとしても、それは不可能なことだ。――という意味であろう。

無為自然は老荘の理想である。理想は「かくあるべき現実」であって、現実ではない。したがってそれをそのまま現実に適用することはできないけれども、それによって心の視野を広めることは、われわれがそれぞれの場において自らの精神の自由を広げることは、現実的に不可能なことではないはずである。

老荘の時代は、戦国時代と呼ばれる乱世であった。人間の世は、しかし、程度の差はあれ常に乱世なのである。今われわれの生きている時代もそうである。人々は常に富貴栄達を求め、権力を求めて、ひしめきあっている。常に一歩でも他人に先んじて有利な場に立とうとして、争いあっている。その姿は確かにあさましい。しかもわれわれが、富貴栄達を得た者、権力を握った者、有利な場に立った者を、一段上にいる者として眺めるのは、われわれ自身の中にあるあさましさ、醜さにほかならない。老荘はそれをあばいているのである。

「般若心経」の「色即是空、空即是色」に私は、老荘の右のような思想に通じるもののあることを感じる。しかし、老荘の思想は、「空即是色、色即是空」であって「色即是空、空即是色」ではないように思う。

「老子」第一章にいう。

道の道とすべきは常の道に非ず。名の名とすべきは常の名に非ず。無名は天地の始まり、有名は万物の母なり。故に常に無、以て其の妙を観んと欲し、常に有、以て其の徼を観んと欲す。

「色即是空」といい、そして「空即是色」とつけ足すところに、私は老荘思想とはちがった「般若心経」のあたたかさ、やさしさを感じる。しかし、あたたかくやさしいがゆえに、この思想を、世界観から個々の人間の上に引きおろして、われわれ個々の人間は自ら存在するものではなく、因縁によって存在するものであり、それゆえその存在をありがたく思い、もったいなく思わなければならぬ、などと説教する人に対しては反撥を感じる。

冒頭に挙げた野坂昭如の「色即回帰」は昭和四十三、四年の二年間に書かれた小説を集めたものである。同じくその二年間に書かれた別の七篇の小説を収めた「骨餓身峠死人葛」という作品集がある。その「あとがき」で作者は次のように語っている。

〈今を盛りと、ときめき栄えるものには、どうも関心がむかわず、滅びつつある姿、その風化の具合いに心ひかれる。べつだん年寄りに育てられたわけでもないし、年中不祝儀のたてこんでいたようにも思えないが、やたらと老人や葬儀が、わが作中にあらわれて、自分でもうんざりすることがある。盛りにあるものは、うつろい変るけれども、たとえば筑豊地方の、いわゆる廃坑地帯など、風景そのものが、まるごと風化しつつあって、あの特徴的なボタ山のながめも今はなく、茫涼として自然本来の姿にもどるのをみていると、人間の営みを軽んじるわけでは決してなく、ただ滅びたものにこそ、動かしがたい人間の姿がうかがえるような、一種の安心感を受ける。

そして、廃墟の姿の中にこそ、人間の盛りがあるように思え、たとえば、コンクリートで閉じられた炭坑の坑口や、養老院の陽ざし浴びた運動会などにくらべると、超高層ビルあるいはオリンピックなど、どうも現実感がうすいのである。決して滅びゆくものに対する哀惜の情といったような、思い上った気持ではないので、ぼくが小説と関り合う時、時を得顔の存在には、人間味を覚えないのだ。＞

われわれはいま生きていることをもったいなく思わなければならない、というお説教をする者よりも、この野坂昭如の方がはるかに深く「色即是空」を見、そして「空即是色」の中に生きているように私には思われてならない。説教者はこれを凡俗の眼というかもしれない。しかし、説教者をふくめて凡俗でない人間がこの世にいるなどということは、凡俗である私には思われない。もしいるとすれば、その人は、生きてはいるがただ息をしているだけの存在にすぎないであろう。「般若心経」は「色即是空」と喝破し、そして「空即是色」とつけ加えているのである。生きていることをありがたいと思いなさい、とか、もったいないと思いなさいとか説かれると、逆に私は、ああ救い難い人だなあ、と思う。

老荘の虚無思想の根本は、生を楽しむこと、生を全うすることである。「空即是色」から、ただ、ありがたい、もったいないを引き出すだけでは、仏教は生命のない形骸だけのものになってしまうだろう。

第四篇　心経写経と絵心経

写経のすすめ

真保龍敞（しんぼりゅうしょう）
（大正大学講師）

一、写経の目的

写経とはお経を写す修行です。お経は、み仏さまのサトリの世界、すなわち宇宙の真理・いのちの真実が説き綴られたものです。

宇宙の真理・いのちの真実を〝法〟といいます。この法は、宇宙いっぱいに満ちあふれていて、一塵一毛にも、その神秘なはたらきを示して、決して休むことがありません。

〝法〟は活動し生きています。この法をお体とし、いのちとするのが、究極のみ仏さまです。

写経は、この尊いみ仏さまを〝ご本尊さま〟として、一字一句正しく書写して、紙上にお迎えし、私たちがご本尊さまとしっかりご縁を結ぶご修行です。

印刷技術のなかった昔は、お経を学び、伝え、広めるためには写経する必要がありましたので、写経の専門家（写経生）や写経の専門道場（写経所）があって素晴らしい盛行をみました。

今日では、単なる趣味や精神修養のためにとどまらず、写経本来の心の救い、生きる力を養う尊い修行法として実践されるべきものでしょう。

すなわち、写経によって、ご本尊さまのいのちの中に、直接飛び込んで、ご本尊さまと一体となることが肝要です。そしてその大慈悲のいとなみの中で、迷いも怖れもない、ゆるぎない幸せな暮らしを築くためのご修行でもあります。

二、写経の準備

1　道場の荘厳

まず、何事も環境整備が肝要です。静寂で清浄な道場の確保が必要です。電話の近いところや来訪者がある時刻は避けます。深山の寺の本堂・書院、家庭なら仏間がよい。

本尊さまをおまつりする。定まった道場（本堂・お仏壇）のほか、時には、お経によってご本尊さまを変えておまつりする。

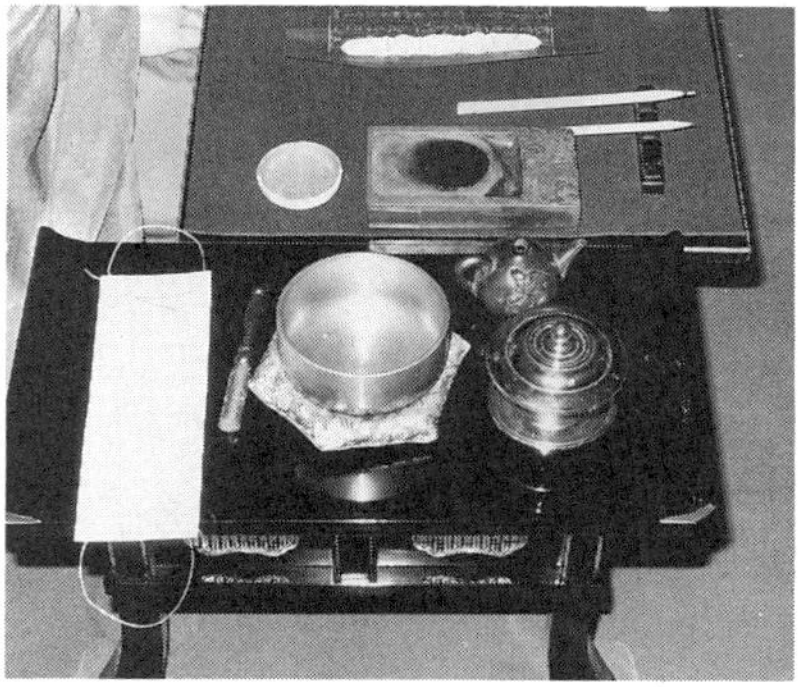

写経用具の準備

香を香炉に焚き、道場を清め、精進を誓う。華を供え、耐え忍ぶ心と大慈悲の心に住する。灯明を点じ、サトリの智恵によって迷闇を破す大光明とします。

2　写経用具を揃える

経机一脚、お手本のお経、写経用紙、文鎮、下敷、硯、筆、墨（金泥・銀泥など）、水指、筆架、覆面（半紙を四つ折にして、両端に水引をさいた紐をつけ、耳にかけて口の汚気を覆い、清浄を保つためのもの）等を用意します。

このほか、読経用の打鳴し、塗香（身心を清浄にするため手肌に塗る粉末状のお香）と念珠一連も調えます。

ここで一番大切なのは、お手本です。いやしくも手本というからには、徹底した吟味厳選を怠ってはなりません。中国には三千年、我国にも二千五百年の文字の歴史があります。その書道史の上で最高の作品をお手本として選びましょう。般若心経は隅寺（海竜王寺）所蔵の数種は極めて優れた天平写経です。観音経では高野山竜光院所蔵のものが、大字で特に秀逸な天平写経として推賞できます。平安以後の写経は、装幀などに装飾が施されたものが出現するが、時代がさがるにしたがい、文字の筆勢も弱まり、結構も崩れてゆき、写経の手本としては基本的なものとはなしえないと思います。

3 身仕度

心を正しくするためには、身仕度を調えねばなりません。清楚にして垢のつかぬものを着て、輪袈裟がある方はかける。口を漱ぎ、手を清潔にする。頭髪の乱れもなおす。ことさらの装身具は避けた方がよい。腕時計もはずして時刻の束縛から離れ、心をゆったりと自在の境界に遊ばせます。

また、途中で座を立たぬよう、体調も整えておくことが望ましい。長いお経の場合はやむをえないが、短い心経などは、一気に書写した方が、前後の調子にムラが少ないものとなります。以上で写経の準備が完了します。

三、写経作法の伝授

写経には写経の作法があり、寺院などでの写経会には、講師（阿闍梨）から、写経全体の順序に沿った講義があり、作法の伝授があります。

一度は、写経会に参加して明師から親しく伝授を受けるのが望ましい。ここでは、限られた中で、その大要を示しておきましょう。

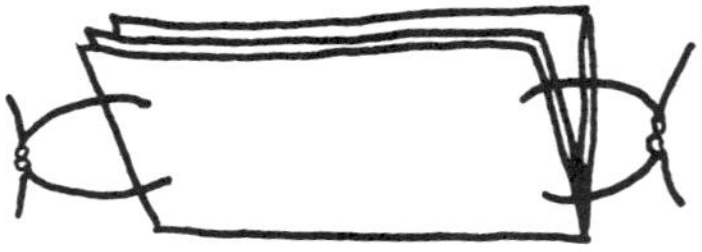

覆面

四、読経の仕方

①塗香（ずこう）　左手に香を受けて、右手を上に乗せ磨（す）ること三返、反対に左手を上にして磨ること三返、胸から腹にかけて両掌をもって塗る。これで身心ともに清浄になります。

②三礼（さんらい）　合掌して五体投地し、本尊のみ足を頂礼（ちょうらい）すること三返、終わって着座。念珠を脇におく。

③墨を磨（す）る　墨（金粉・銀粉）は本尊の智恵の徳を表わし、水は本尊の大慈悲の徳を表わす。よく磨って、智悲・金胎不二にする。磨り終わって、念珠をとり合掌、金二丁（甲乙）。

④読経次第

懺悔文（さんげのもん）・三帰礼文・般若心経・光明真言（三返）・南無本尊界会（三返）・南無大師遍照金剛（へんじょうこんごう）（三返）・南無興教大師（こうぎょうだいし）

塗香（右手で香をとる）

塗香（左手に香を受ける）

・普廻向金三丁。

読経中は合掌。念珠は左手。お経と次のお経の間に金一丁打つ。読経中はお経の所説をよくかみしめ観念しながら読む。読経の終わりに甲乙甲と金三丁打って祈願し、念珠を脇におきます。

お経の内容については、あらかじめ伝授を受け、自らも法門を学び、無上の菩提（サトリ）を究めていく姿勢を捨ててはなりません。

塗香（体にぬる）

五、観法禅定（入我我入観）

写経する直前に観法し禅定に入る。これはいっそう、精神を統一して、仏心に至るご修行です。まず、手は、左右の指を交えて、親指を相対して先端をつけ、臍の前に置き安んずる。これを法界定印という。

初めに、体を前後にゆっくり動かし、振子が次第に止まるように、だんだん小さくゆれ、中心に至って止める。その位置を保持しながら、次に、左右にゆっくり動かし、振子が次第に止まるように、中心に至って止める。

三礼（合掌して立つ）

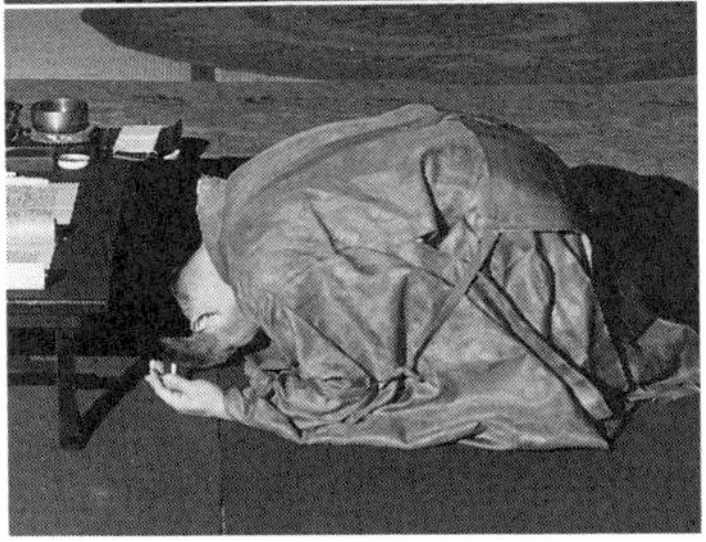

三礼（五体投地する）

ちょうど、心は天井を突き破って、虚空に垂直に聳える姿勢が得られます。

次に、呼吸を整える。出る息をア字と観じご本尊さまのいのちを表わす。吸う息をウン・字と観じ、私たち写経行者のいのちを表わします。

初め深呼吸から、次第に自然の静かな呼吸へとおさめていく。この間、一から十、十から一へと戻って終わるようにするのがよい。

こうして、姿勢と呼吸が整ってから入我我入の観法に入ります。

この観法は、写経行の全体の中で最も重要なものです。ご本尊さまが私たちのいのちの中に入りたまい、私たちもご本尊さまの宇宙大自然いっぱいのいのちの中に入るのです。静かに瞑想すること約三分、こうして、ご本尊さまと一心一体となるのです。

この間、阿闍梨（あじゃり）は、次の如き「願文」を一同を代表して微（び）音で唱えます。

「真言は不思議なり、観誦すれば無明を除く、一字に千理を含み、即身に法如を証す。行々として円寂に至り、去々として原初に入る。

我等、今、至心に懺悔し、三宝に帰依して、謹しんで『般若心経』一巻を書写し奉る。仰ぎ冀くは、一字一明、法界に遍じ、三世十方の諸仏に供養し奉らん。

この善根をもって、一切の罪障を消滅し、如来の大悲に浴して、我等の至願を成満せしめ給わんことを。乃至法界平等利益。」

と。

観法禅定

六、写経三昧

まず覆面をする。その仕方は半紙の折った方を下にし、切口を上にして耳にかけます。

次におもむろに筆を執り、いよいよ写経に入る。一字一字ご本尊さまをお迎えし、おまつりする気持で、一筆三礼の念で書写します。書写中は無言、無我、ひたすら写経三昧の境地を保たねばなりません。

佛説摩訶般若波羅蜜多心经
觀自在菩薩行深般若波羅蜜多時照見五
蘊皆空度一切苦厄舍利子色不異空空不
異色色即是空空即是色受想行識亦復如
是舍利子是諸法空相不生不滅不垢不淨
不增不減是故空中無色無受想行識無眼
耳鼻舌身意無色聲香味觸法無眼界乃至
無意識界無無明亦無無明盡乃至無老死
亦無老死盡無苦集滅道無智亦無得以無
所得故菩提薩埵依般若波羅蜜多故心無

罣礙無罣礙故無有恐怖遠離一切顛倒夢
想究竟涅槃三世諸佛依般若波羅蜜多故
得阿耨多羅三藐三菩提故知般若波羅蜜
多是大神呪是大明呪是無上呪是無等等
呪能除一切苦真實不虚故説般若波羅蜜
多呪即説呪曰
掲諦掲諦 波羅掲諦 波羅僧掲諦 菩提薩婆訶
般若心経

為

年　月　日

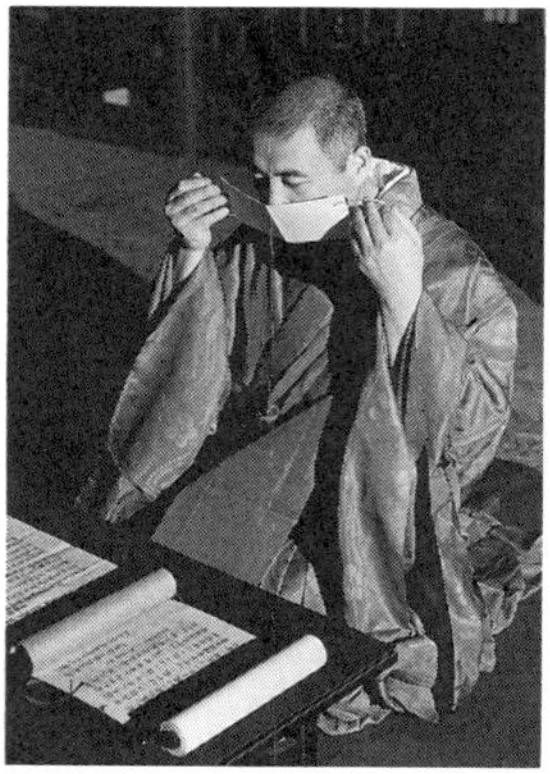

覆面をつける

願意を書く

一行十七字が通規でありますが、必ずしもこだわることもないのです。

上手下手も気にすることはありません。形にとらわれることなく、要はまごころで書写することです。

七、奥書と願意の書き方

一巻の本文が書き終わったら、奥書を書きます。まず書写年月日。これは元号が慣例で、年号の下に干支を入れる古例も少くない。

(例、「神亀五年歳次戊辰五月十五日」「歳は戊辰に次れる」と読む)

次に願意を書きます。これには大別二種あって、どちらかを願いに添って書く。

①祈願の場合

「為家内安全、心願成就、身体健全、当病平癒、学業成就、

良縁成就、安産成就也」等と「為」の字の下に、それぞれの祈願の趣きを書き、「也」と書いて、「家内安全のためなり」などと読みます。

②菩提廻向（えこう）の場合

「為大平家先祖代々各霊菩提也」または、「為真言院智積善養居士菩提也」など「為」の下に「○○家先祖代々各霊菩提」、または法名（戒名）を入れて「菩提也」と書き、それぞれの精霊菩提のために一巻を書写した旨を明記して祈念をこめるのです。

校正をする

最後の末尾の行は、氏名を書く。ここに、住所を書き添える場合もあり、書写した場所を「於総本山智積院」などと記してもよい。また、氏名の上に「願主」とか「仏子」とか書写した者の立場を書く場合もあります。

さらに、氏名の下に「謹書」「謹写」などと添えれば、謹厳な趣きを留めることにもなりましょう。

かくして奥書も整えられて、一巻の体裁も具わったわけであります。

八、写経の校正方法

写経しおわったら必ず原本と比較し、校正します。写経三昧に入って、真剣に書写したのですから、たとえ誤脱があっても、決して用紙を破棄してはなりません。

写経をする人にとっては、その書写している瞬間のほかに人生はありません。いのちの真実の軌跡として、誤脱もまた尊く、むしろ人間らしい親しさがあります。

弘法大師のご真筆などの古例に則(のっと)って、次の如く符号をつけて訂正するのがよいと思います。

①抹消する場合（ヽ）

これは重複してしまったためあまった衍(えん)字を抹消する時の符号で、その不要の字の右側に一字ずつつける。これは『弘法大師御請来目録』（竹生島宝厳寺所蔵）原本の中の「速辧香花入灌頂」と重複を抹消している実例があります。（傍点の部分に符合がある）

②倒置する場合（γ）

これは、一字先を書いてしまって前の字を次に書いた場合で、倒置すれば正しくなる時に付する符号です。

この例としては、国宝の弘法大師筆『風信帖』第一通の中に「集会一処量商仏法大事因縁」とあって、二字の右側の中間に付されています。（傍点の部分に符号がある）

③挿入する場合（〜）

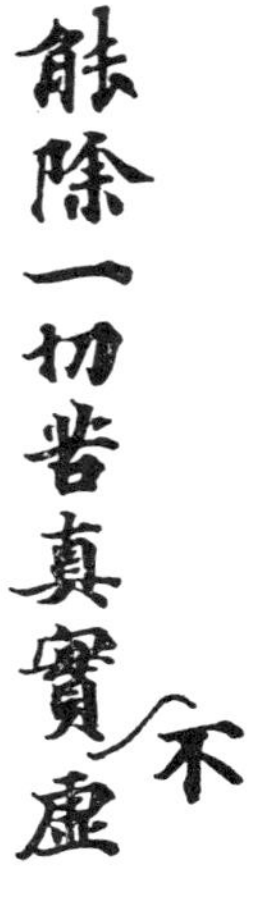

これは脱字の場合での挿入方法です。

この用例としては、弘法大師の請来された『三十帖策子』第五帖中に、瑜祇経第八品の大師自筆の梵字の真言陀羅尼の挿入の仕方にみられる。しかし、別の『金剛般若経開題』の中や、『御請来目録』の中では、全く引張線（〜）が用いられずに、挿入すべき字と字の間の右側から、行

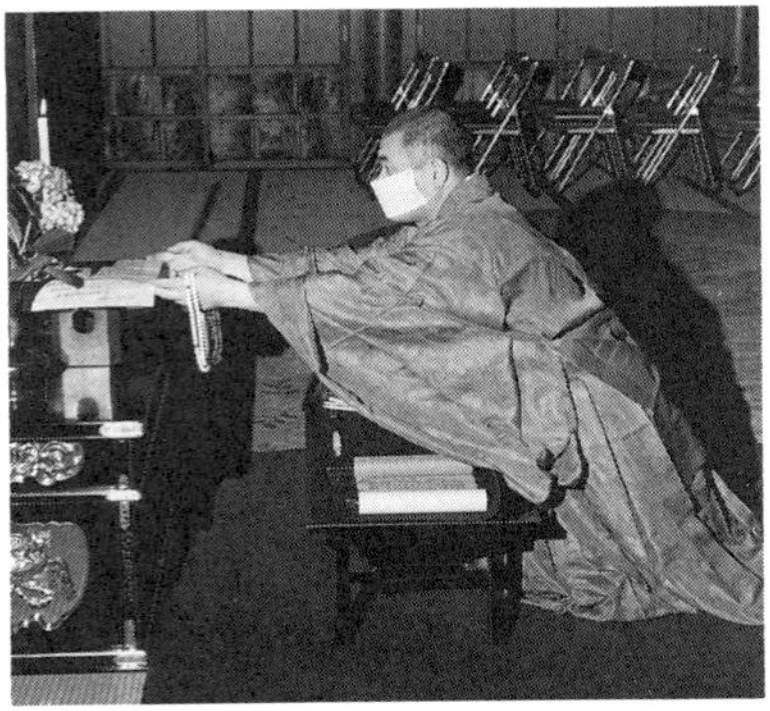

納経をする

間にいきなり書き込まれているところも少くない。したがって、この用例からすると、必ずしも、この引張線にこだわらなくてもよいが、挿入位置はいずれも変わりはありません。

右の如くして、一巻書写の校正も終わり、写経が完了します。

ここで、合掌し、普廻向を唱え金三丁。三礼して、納経の仕度をします。

九、納経の仕方

写経行は、本来単なる趣味や修養で止まるべきものではない。必ず、発願の意は、ご本尊さまとご縁が結ばれ、その大慈悲に浴することによって、初めて、私たちの願いが叶えられるのです。

書写したお経は封筒におさめ、うわ書は、

「奉納　般若心経一巻　住所　氏名」

と書いて、菩提寺やお札所に参詣し、納経所を尋ねて〝お納経〟します。

この時、納経料（納経所によって所定がある場合がある）を添えて祈禱或いは廻向の料に宛てます。

納札（おさめふだ）は、この納経完了のしるしであり、古くより木の納札を打ちつけたことから、巡礼遍路することを「お札所を打つ」というようになりました。

ここで、あらかじめ用意した納経帖に、納経が、ご本尊さまと確かに結縁（けちえん）したしるしとして、お札所の御朱印を授かるのです。

十　写経の功徳

弘法大師は、もろもろの人々に秘密蔵のお経を書写することを勧（すす）めて「我と志を同じうする者あって、此の法門に結縁して、書写し、読誦し、説の如く修行し、理の如く思惟せば、父母所生の身をもって、速かに心仏に証入（しょうにゅう）せむ」（性霊集巻九）と示されています。

写経して心静かに菩提（さとり）の蔵に入り、お納経してご本尊さまと深くご縁を結ぶことによって、ご本尊さまの大いなるいのちの中に、迷いもなく、怖れもなく、より豊かに生きる力を授かることができるでしょう。そして、悔いのない幸せな暮らしを築くことができ、そこに生き甲斐のある人生が開かれることでしょう。

写経ができるお寺・一覧

この一覧は最新情報（平成17年6月）に基づいて作成しました。開催日は変更もありうるので、事前にお問合せ下さい。

	寺名	所在地	電話	写経会開催日
北海道・東北	中央寺	札幌市中央区南六条西	○一一―五一二―七三二一	毎月第1月曜
	養福寺	札幌市西区西野七条	○一一―六六一―○六一一	毎月最終土曜
	中尊寺	岩手県平泉町	○一九一―四六―二二一一	随時
東京	大楽寺	大田区新蒲田三―四	○三―三七三八―一六六○	毎月28日（12月除く）
	延命寺	葛飾区青戸八―二四	○三―三六○二―○四九六	毎月第1日曜
	正受院	北区滝野川二―四九	○三―三九一○―一七七八	毎月4日
	静勝寺	北区赤羽西一―二一	○三―三九○○―四四五五	毎月第2土曜
	薬師寺東京別院	品川区東五反田五―一五	○三―三四四三―一六二○	随時
	幡ヶ谷不動尊荘厳寺	渋谷区本町二―四四	○三―三三七六―六九九一	毎月1日
	耕雲寺	世田谷区砧七―一六	○三―三四一六―一七三五	毎月第4土曜
	真龍庵	世田谷区太子堂四―三一	○三―三四二二―二○六五	毎月第3金曜
	龍雲寺	世田谷区野沢三―三八	○三―三四二一―○二三八	毎月第2土曜
	待乳山聖天本龍院	台東区浅草七―四	○三―三八七四―二○三○	毎月第2日曜
	万福寺	葛飾区柴又六―一七	○三―三六五七―四五八八	毎月第4土曜
	全昌院	豊島区南長崎五―二一	○三―三九五一―七五五五	毎月8日
	成願寺	中野区本町二―二六	○三―三三七二―二七一一	毎月第1金曜
	保善寺	中野区上高田一―三一	○三―三三七一―六八四○	毎月第3土曜
	観蔵院	練馬区南田中四―一五	○三―三九九六―六九一一	毎月第2日曜
	三宝寺	練馬区石神井台一―一五	○三―三九九六―○○六三	毎月第1土曜
	桂林寺	文京区目白台三―三	○三―三九四一―五一二五	毎月第3木曜

東京	高野山東京別院	港区高輪三—一五	〇三—三四四一—三三三八	毎月第1月曜
	青松寺	港区愛宕二—四	〇三—三四三一—三〇八七	毎月第2木曜
	慈眼禅寺	港区三田四—三	〇三—三四五一—〇七三六	毎月第2日曜
	龍源寺	港区三田五—九	〇三—三四五一—一八五三	毎月第1土曜
	五百羅漢寺	目黒区下目黒三—二〇	〇三—三七九二—六七五一	毎月15日
	金剛院	八王子市上野町	〇四二六—二二—九五四〇	毎月第2土曜
	大光寺	八王子市美山町	〇四二六—六一—〇〇五四	毎月第3日曜
	高尾山薬王院	八王子市高尾町	〇四二六—六一—一一一五	毎月第4土曜
	高幡不動尊金剛寺	日野市高幡	〇四二—五九一—〇〇三二	毎月21日
	安養院	日野市平山	〇四二—五九一—六九八二	毎月18日
	東光院	西多摩郡日の出町	〇四二—五九七—三四三七	奇数月第4土曜
関東（東京を除く）	修善院	茨城県小川町	〇二九九—五三—〇四一二	毎月21日
	観音寺	栃木県鹿沼市	〇二八九—六四—八六〇一	毎月第3日曜
	日光山輪王寺	栃木県日光市	〇二八八—五四—〇五三一	毎月2回
	長善寺	埼玉県花園町	〇四八—五八四—三五四五	毎月第3日曜
	満願寺	千葉県銚子市	〇四七九—二四—八四一六	毎月1回
	成田山新勝寺	千葉県成田市	〇四七六—二二—二一一一	随時
	總持寺	横浜市鶴見区	〇四五—五八一—六〇八六	毎月25日（先着30名）
	佛日庵	鎌倉市山ノ内	〇四六七—二五—三五六二	毎月22日
	箱根観音福寿院	神奈川県箱根町	〇四六〇—五　—五九九一	随時
	高福寺	山梨県小渕沢町	〇五五一—三六—三三九〇	毎週土曜
	善光寺大本願	長野市元善町	〇二六—二三四—〇一八八	随時（要予約）
	常円寺	長野県伊那市	〇二六五—七二—二四〇九	毎月第3月曜

中部・北陸	観音寺	新潟県阿賀野市	○二五○―六八―三七○五	随時
	傳燈寺	石川県金沢市	○七六―二五一―六五七七	毎月12日
	永平寺	福井県永平寺町	○七七六―六三―三一○二	随時（要予約）
	龍氣寺	岐阜県白川町	○五七四―七三―一五九二	随時（要予約）
	可睡斎	静岡県袋井市	○五三八―四二―二一二一	毎月最終日曜
	徳源寺	名古屋市東区新出来	○五二―九三六―二六九八	毎月第2水曜
	宝蔵院	名古屋市中川区富田町	○五二―三○一―七六八八	毎月第2土曜
	寂光院	愛知県犬山市	○五六八―六一―○○三五	毎月第2・4日曜
	豊川稲荷妙厳寺	愛知県豊川市	○五三三―八五―二○三○	毎月3回程（不定期）
	東正寺	三重県鵜殿村	○七三五―三二―○一三○	毎月20日
京都	清凉寺	京都市右京区嵯峨	○七五―八六一―○三四三	毎月第4日曜
	大覚寺	京都市右京区嵯峨	○七五―八七一―○○七一	随時
	天龍寺	京都市右京区嵯峨	○七五―八八一―一二三五	随時（要予約）
	鞍馬寺	京都市左京区鞍馬本町	○七五―七四一―二○○三	毎月7・18日
	金戒光明寺	京都市左京区黒谷町	○七五―七七一―二二○四	毎月1回
	三千院	京都市左京区大原	○七五―七四四―二五三一	随時
	来迎院	京都市左京区大原	○七五―七四四―二一六一	随時
	百万遍知恩寺	京都市左京区田中門前町	○七五―七八一―九一七一	毎月15日
	南禅院	京都市左京区南禅寺	○七五―七七一―○三六五	毎月15旧
	雲龍院	京都市東山区泉涌寺	○七五―五四一―三九一六	毎月27日
	知恩院	京都市東山区林下町	○七五―五四一―五一四二	毎月13・23日
	智積院	京都市東山区東瓦町	○七五―五四一―五三六一	毎月21日
	長楽寺	京都市東山区円山町	○七五―五六一―○五八九	毎月第2日曜
	仏光院	京都市山科区勧修寺	○七五―五七一―○五○三	第3日曜

写経ができるお寺・一覧

地域	寺院	所在地	電話番号	写経日
近畿（京都を除く）	大念仏寺	大阪市平野区平野上町	○六—六七九一—○○二六	毎月26日
	太融寺	大阪市平野区平野上田	○六—六三一一—五四八○	毎月第2土曜・21日
	常光円満寺	大阪府吹田市	○六—六三八一—○一八二	毎月21日
	成田山大阪別院	大阪府寝屋川市	○七二—八三三—八八八一	毎月第2日曜・28日
	宝珠院	大阪府箕面市	○七二—七二二—七二一五	毎月21日
	花岳寺	兵庫県赤穂市	○七九一—四二—二○六八	毎月第2・4日曜
	圓教寺	兵庫県姫路市	○七九—二六六—三三二七	随時（団体は要予約）
	東大寺	奈良市雑司町	○七四二—二二—五五一一	随時（要予約）
	薬師寺	奈良市西ノ京町	○七四二—三三—六○○一	随時
	高野山大師教会本部	和歌山県高野町	○七三六—五六—二○一五	随時
中国・四国・九州・沖縄	一華寺	広島県呉市	○八二三—二一—二九○七	毎月第3火曜
	大師寺	広島県福山市	○八四—九二四—六○五七	毎月17日
	胎蔵寺	広島県福山市	○八四九—二二—二四一四	毎月1回
	祥雲寺	山口県周南市	○八三四—六二—三九二二	毎月第1・3日曜
	観音寺	徳島県鳴門市	○八八—六八六—三九五三	毎月第3日曜
	長谷寺	徳島県鳴門市	○八八—六八六—二四五○	毎月第1日曜
	弘憲寺	香川県高松市	○八七—八二一—三三二二	毎月第2土曜
	善通寺	香川県善通寺市	○八七七—六二—○一一一	毎月21日
	光蔵寺	愛媛県今治市	○八九八—五六—二二○四	毎月8日
	承福寺	福岡県宗像市	○九四○—六二—一八三三	毎週木曜
	大正寺	福岡県北九州市	○九三—六六二—三四九七	毎月第2土曜
	宗園院	大分県別府市	○九七七—六六—○九七五	随時（要予約）
	大願寺	沖縄県浦添市	○九八—八七六—○一三五	毎月第1日曜

絵心経とその信仰

坂口密翁(さかぐちみつおう)
（元大覚寺覚勝院主
一九一六―一九九三）

心経が読めるよろこび

釜(かま)の絵を逆さにして、マカといい、般若の面をハンニャと読む。腹の絵はハラで、農具の箕はミ、田んぼの絵はタ、神前にたてる神鏡の絵はシンギョウとなる。

この六つの絵が並べられると「摩訶般若波羅蜜多心経」と漢字で書いた経文と同じとなる。これが絵心経である。

般若心経の二百六十余文字がみんな絵になっている。その絵を読むと般若心経を読んだことになる。

「こんなのお経かしら」と一見するなりゲラゲラと笑ってしまう。これが今の人の絵心経の見方である。私もまたその一人だった。

しかし笑ってしまうだけでは意味がない。そこでちょっと考えてみる。

心経の経題は「仏説摩訶般若波羅蜜多心経」の十二文字である。

田山系の絵心経

（めくら心経）

（注）①般若面。②樹木の芯。③行堂。④的のマ。⑤側のカ。⑥妊娠でハラミ。⑦田。⑧棺。⑨鋸で切る材。⑩菩薩像。⑪神社。⑫王将。⑬剣。⑭線が五本。⑮

盛岡系の絵心経

（大覚寺版絵心経）

佛説摩訶般若波羅蜜
多心経
観自在菩薩。行深般若
波羅蜜多時。照見五蘊

尾(お)。⑯貝(かい)。⑰堂(どう)宇(う)のド。⑱敷居の方言サイ。⑲焼き麩(ふ)でヤク。⑳舎利(しゃり)。㉑敷居(しき)。㉒生の麩(ふ)。㉓井(い)戸。㉔僧のソ。㉕桑(くわ)の実のク。㉖銭(ぜに)のゼ。㉗重箱でジュ。㉘藁(わら)を積み重ねたニョ。㉙帆でホウ。㉚馬(め)。㉛杖(つえ)のツ。㉜状(じょう)。㉝象(ぞう)。

皆空。度一切苦厄。舎利
子。色不異空。空不異色。
色即是空。空即是色。受
想行識。亦復如是。舎利
子。是諸法空相。不生不
滅。不垢不浄。不増不減。

㉞香のコ。㉟籌(ちゅう)木。㊱機織りに用いる杼(ひ)。㊲箕(み)。㊳縄のナ。㊴茗(みょう)荷。㊵牢(ろう)屋。

是故空中無色。無受想
行識。無眼耳鼻舌身意。
無色聲香味觸法。無眼
界。乃至無意識界。無無
明。亦無無明盡。乃至無
老死。亦無老死盡。無苦

㊶朱(しゅ)。㊷目(め)。㊸乳のチ。㊹砥石のト。㊺台(だい)。㊻笹の葉でサッ。㊼柄(え)。㊽鶏(けい)。㊾卯(う)。㊿鈴(りん)のリ。51天(てん)(雲に太陽)52子(ね)。53半円(はん)。54仏像(ぶつ)。

集滅道。無智亦無得。以無所得故。菩提薩埵。依般若波羅蜜多故。心無罣礙無罣礙故。無有恐怖。遠離一切顛倒夢想。究竟涅槃。三世諸佛。依

(55)開口のア。(56)飲みのノ。(57)俵の方言タラ。(58)脈。(59)桶屋の工具の栓。

般若波羅蜜多故得阿
耨多羅三藐三菩提故
知般若波羅蜜多是大
神咒是大明咒是無上
呪是無等等咒能除
一切苦眞實不虚故説

⑥0輪(わ)。⑥1猿のなき声ギャ。⑥2手(て)。⑥3犬のなき声ワ。⑥4蚊(か)。

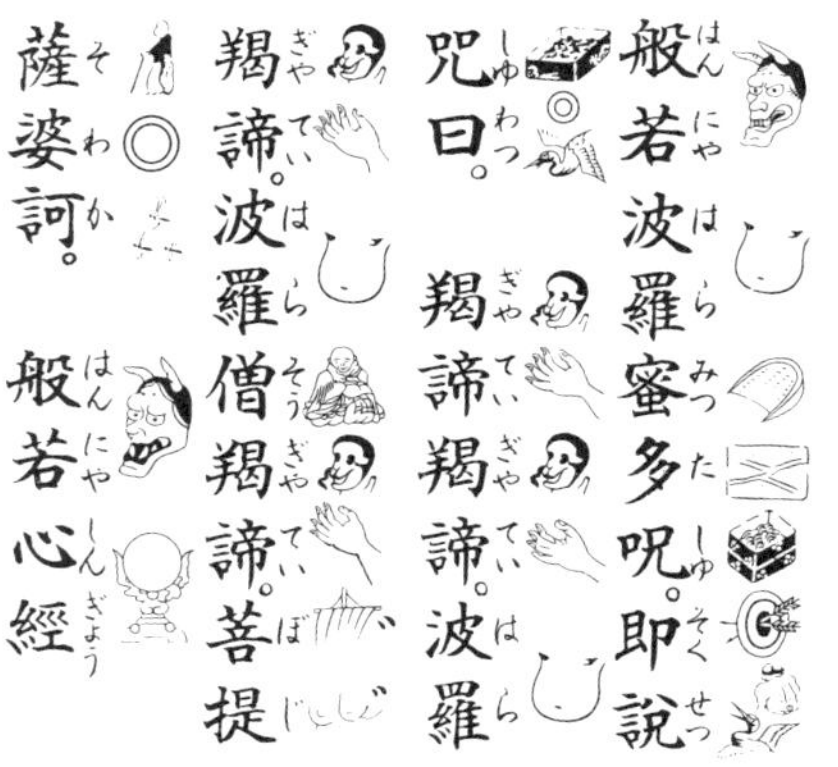

般若波羅蜜多呪。即説
呪曰。羯諦羯諦。波羅
羯諦。波羅僧羯諦。菩提
薩婆訶。般若心經

このうちで説・心・経の三字だけがいわゆる漢字で、あとの九字は印度語の発音にあてた当字(あてじ)である。

例えば、仏という字をブッと読むのは、ブッダという言葉にあてた字であり、パンニャという印度語に般と若という二字をあてたにすぎないのである。あて字であるから、漢字であろうが、ひらがなであろうが、あるいは絵をこれにあててもさしつかえない、という理クツになる。

私は、絵心経の絵と、漢字の心経とをみくらべながら、クイズまがいに面白がっていたのだが、そのうちに疑問がわいてきた。

いつごろ、誰が、どんな目的でこれを作ったのだろうかと。こんなことを考えながら絵をみつめていると、フト幻想が浮かんできた。

それは、昔の人たちが、この絵を一心にみつめながら、指先で一絵、一絵を押さえつつ、一所懸命にお経をとなえている姿であった。

私は、ジーンと目頭が熱くなるほどの強い感動を覚えたのだった。

「心経がよめた、よめた」とうれしそうな大勢の笑顔が、目の前に浮かんだからである。

しかも、文字の読めない昔の人たちを、このように強く引きつける目に見えない力の偉大さに、強い感動を覚えたのである。

絵心経を作った人たち

私が、絵心経のことを何かの本で知ったのは昭和十二、三年の頃であった。それ以来随分その絵を探したのだが、みつからなかった。十四、五年も経過して、昭和二十八年五月に発行された浅草寺の清水谷恭順貫首さまの『新釈般若心経講話』という本で、初めてその絵を拝見した。そうして感動したのだった。私が先年、「咒文の謎」という心経のおはなしを書いたとき、貫首さまのお許しを得て、この絵心経を登載させていただいた。

すると、珍らしいからと新聞やテレビで紹介された。このことがご縁となって岩手県盛岡市にお住まいになってこのめくらもの（絵心経やめくら暦など）を研究されている佐藤勝郎氏より、いろいろとご教示をいただくことになった。

ここにお話しする絵心経のことは、すべて佐藤氏の研究になるものであることを、まずおことわりしておく。

絵心経の戸籍しらべから入ろう。

絵心経が最初に生まれたのは、いまから二百数十年の昔である。元禄のころ（一六九〇―一七〇〇）といわれている。

誕生地は、岩手県二戸郡安代町字田山というところである。

創始者は誰か。それは善八さん（源右衛門ともいった）である。現在、田山に住んで居られる八幡秀男氏は、この善八さんの八代の後裔にあたられるという。

善八さんについての事情は、岩手大学の石川栄助氏の『善八と盲暦』によってうかがうこととする。

「善八は源右衛門とも称し、書、天文、暦、などに明るく、平泉において寺社取締りの補佐役をしていたが、元禄年間に、高価な物を盗難で紛失した上役の罪を背負い、浅沢村（現在の安代町中佐井小字浅沢）の神官佐藤家に身をかくした。やがて、彼の行方の追及があるとの風聞を聞いて、隣接の田山村の庄屋金沢家に身をよせた。彼は神官として村人に紹介され、この地で庄屋の書き役、寺社運営を手伝った。その後、村人のきもいりで、八幡家に婿入りしたが、養父に男子が生れたので、宝永、正徳年間（一七〇五―一七一五）に現在の地へ分家した」と述べている。

なお現在の八幡秀男氏まで八代のうちで、初代、二代、三代と善八を襲名している。

佐藤氏の研究によると、鹿角日記（松浦武四郎の紀行文）というのがあり、嘉永二年（一八四九）の記録なのだがそれには「田山村に八十余歳の爺二人、九十二歳の老婆一人あり、子供の頃善八さんより、般若心経を教えてもらったと言い、絵心経をもっている」と誌されている。

ところが、年代と年齢とを数えてみて合点が行かなかったのだが、三代襲名となると「善八さんに教えてもらった」と書いて少しもさしつかえないと氷解したのだった。

ともあれ、このようにして凡そ百年の時が流れた。ところがこの絵心経が一度に世間に紹介されるときがきた。

それは「南部（岩手県）の辺鄙には、いろはをだにしらずして盲暦といふものありしとぞ、余が通行せし街道にはあらねども聞きしままをしるす。又般若心経などをも、めくら暦の法にて誦ずると言う。其の図左のごとし」と図入りの絵心経が『東遊記、後編、巻之一蛮語』という京都の南谿子著の刊行物で紹介されたのである。寛政九年（一七九七）であるからちょうど百八十年前のことである。

もっとも、この刊行物は、東北遊行をした天明四年（一七八四）の秋から十三年も経過している。これは著者も自ら書いているように田山へは自分で訪れていない。田山へ行った百井塘雨の笈埃随筆から借用したものである。こうして南谿と塘雨の合作『東遊記』が絵心経を世間に紹介した。「当世風に言えば、ベストセラーズもの、洛陽の紙価を高からしめた」と佐藤氏は述べている。

二つの系譜

この田山系の絵心経（めくら心経）は、こののち三十数年たって、天保六年（一八三五）の創版になる盛岡の舞田屋理作版によって大きく変化するのである。

舞田屋理作は盛岡城下に住む、藩お抱えの印板彫刻兼摺物師である。

田山系は、文盲を対象として、お経を教えるためのもので、図柄も極めてシンプルなもの。盛岡の舞田屋版は、本文の最初に述べたように、釜を伏せて「マカ」といい、腹、箕、田んぼ、神鏡と並べる様式である。これは文盲というよりむしろ、文化人の興味をそそうねらいが加えられていたと思える。

いま両者を比較してみると、田山系は、山間辺鄙の貧しい土地柄で、純な心経信仰による幸せを求める住民の願いがその背景をなしている。一方、盛岡系の絵心経は、富裕な城下街で、専門職人による観賞と商法を加味した図柄となっている。

なお、めくら暦と称される、年毎に変わるくらしの必需品が、両者の土壌をなしていることも見逃せないところである。

ともかく、いま世間でいわれる絵心経には、めくら心経という田山系と、絵心経という盛岡系の二つの流れがある。

類似のものには、田山系の長松寺版、杜陵印刷版、牟田版、高瀬版、等がある。盛岡系では大慈寺版、法運寺版、同縮刷版、玉泉寺版、政経読社版、大覚寺版（昭和四十八年に私が編集した）杜陵印刷版その他各種がある。

行としての絵心経

絵心経は「めくら心経」といわれるようなめぐまれない条件の中で生まれた。そして少し条件が良くなると、信仰から観賞へと変化していった。

現代ではその条件は雲泥の差があり、結構なことなのだが、善八さんの頃よりも、苦しみ悩みがうんと少なくなっているだろうか。

高度な文化や、広い知識、そして恵まれた環境の諸条件も必要なことではあるが、幸せの道をいう点では、善八さんの頃の方が近道であるような気がしてならない。

人の行くうらに道あり花の山

かみしめてみたい句である。と同時に、これが絵心経の私たちに教えてくれる一面だと思うのである。

なお、絵心経にはもう一つの面がある。

般若心経は、仏教経典の中でいちばん短いお経だという。いちばん短いが濃度の極めて高いお経である。何故、このような短い経典が生まれたのだろうか。

「字は読めないが、心経を何とか誦(とな)えたい」と切望したればこそ、絵心経が生まれたように、何かの目的があってこそ最小高度な経典が生まれたのではなかろうか。

私は、その目的は心経の最初に書いてある「行深般若波羅蜜多」の「行」の一字だと思うのである。

弘法大師は、「般若心経は般若菩薩の内心真言だ」といい、「真言は思議すべきものではなくて観誦すれば無明を除く」とおおせになっている。

心経は、観誦するための「真言」であった。

いろはで書こうが、絵でかこうが心経に変わりはない。一心に信じて読誦したくめくら心経の軌跡は、改めて現代人に、心経読誦の基本を教えているのである。

「今日の動乱時代にこそ、寂静（さとり）の心境は、貴重な財産であり、力である」と平井巽氏はその著『長寿と治病の秘訣』の結論に述べて居られる。

「さとりの心境」への道が、心経でいう「行」であり、その道中の道しるべが絵心経ではなかろうか。

梵字・般若心経の写経

児玉義隆（こだまぎりゅう）
（種智院大学教授）

梵字の「般若心経」について

『般若心経』の写経は、漢訳経典（おもに玄奘（げんじょう）訳）によるものが、その中心となっています。『般若心経』に限らず、写経と言えばむかしから漢訳経典を指すことになっています。それでは、漢訳経典の原典である梵文（梵語＝サンスクリット語の文）の『般若心経』は、写経の対象とならなかったのでしょうか？

いいえ、そんなことはありません。江戸時代には梵文の『般若心経』の研究が、盛んにおこなわれています。

浄厳律師（じょうごんりっし）（一六三九―一七〇二）は、法隆寺（ほうりゅうじ）貝葉（ばいよう）梵本に収められている梵文『般若心経』を書写校訂(しょしゃこうてい)し、慈雲(じうん)尊者（一七一八―一八〇四）は梵文『般若心経』の研究を積極的におこなっています。このほか寂厳(じゃくごん)和尚（一七〇二―一七七一）や邦教(ほうきょう)和尚（？―一七六二）も、やはり梵文『般若心経』の研究に成果を遺(のこ)されています。

梵文『般若心経』は、書写と同時に読誦(どくじゅ)もおこなわれています。真言宗の伝統的な読み方を附した梵文『般若心経』が、『真言諸経陀羅尼(だらに)常用集』（藤井文政堂）に収められています。近時、梵文『般若心経』を唱える機会はありませんが、むかしは比較的盛んにおこなわれていたようです。梵文『般若心経』は、真言宗のほかに天台宗でも相承(そうじょう)しています。岩田教順『梵文真言鈔(しょう)』（中山書房）に収められている梵文『般若心経』は、天台宗の慣用音が附してあります。

梵文『般若心経』を写経する場合は、書写するばかりではなく、その意味と読誦も合わせて勉強するとよいでしょう。

書写や読誦をマスターするためには、その基本を知ることが重要です。梵字は師資相承(ししそうじょう)で伝承されてきました。そこには書き方の口伝(くでん)が、たくさんあるのです。一度は善き師について学ぶことを勧めます。

本来、梵字の書き方や口伝については、専門家である僧侶によって伝えられてきました。それでは一般の人々に梵字を授けることはなかったのかと言えば、そうではなかったようです。授け

梵字『般若心経』写経手本（縦書、児玉義隆筆）

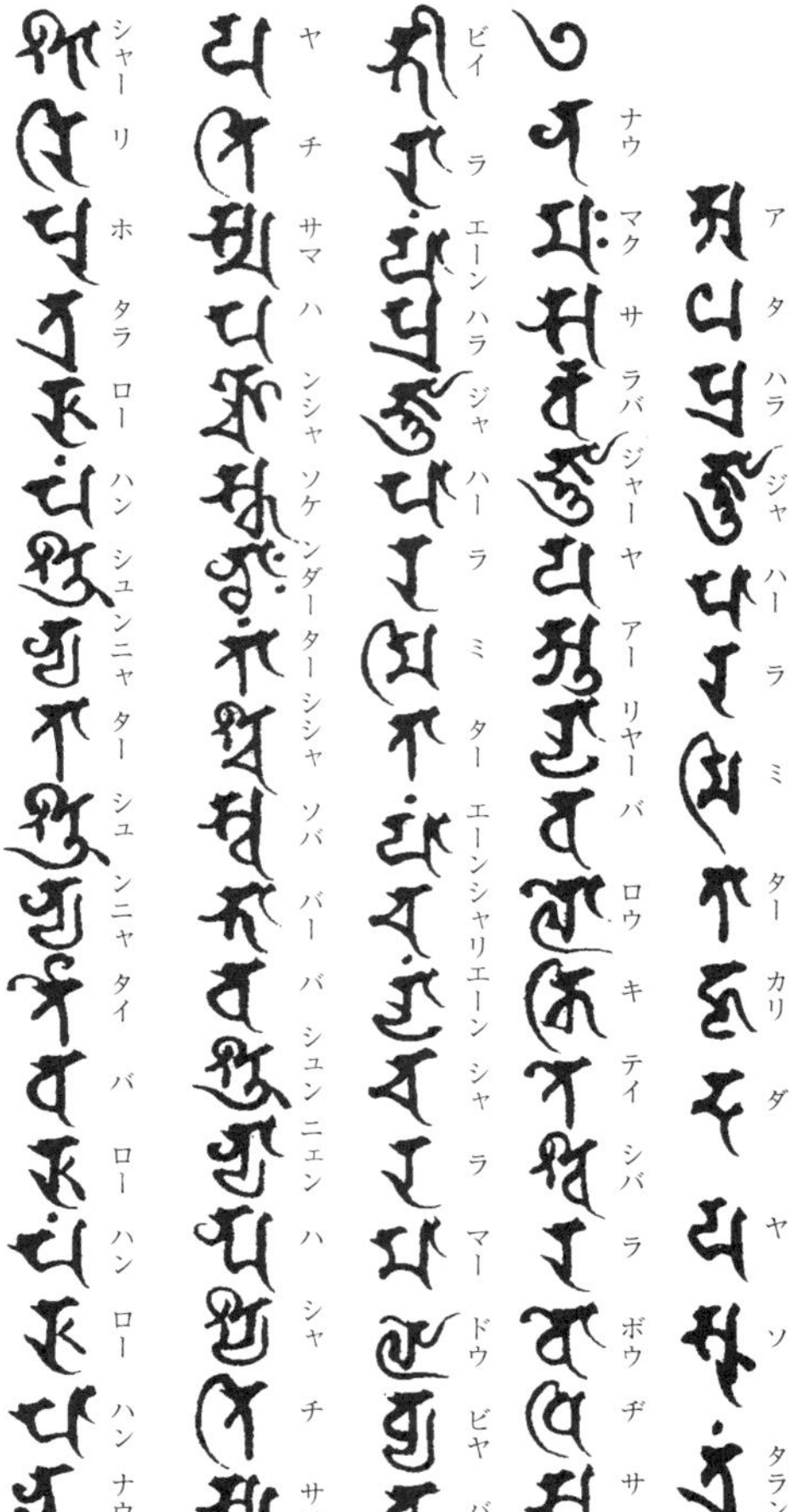

キャ シュン ニヤ ター シュン ニヤ ター ヤー ナウ ヒリ タギャ ロー ハン ヤ ダロー ハン サー シュン ニヤ ター

ヤー シュン ニヤ ター タ ダロー ハン エイ バ メイ バ ベイ タ ナウ サン ジャ サウ ソキャーラ ビ

ジャ ナー ニ イ カ シャーリ ホ タラ サ ラバ タ ラマー シュンニャ ター ラ キシャ ダー ア

ド タハン ナウ ア ニ ロウ ダー ア マ ラー ナウ ビ マ ラー ドウ ナウ ナウ ハ リ ホラ

ダーク タ サマーシャー リ ホ タラ シュ ニヤ ター エーンナウ ロウ ハン ナウ ベイ タ ナー ナウ サン

ジャ ナウ サウソキャーラ ナウ ビ ジャ ナー ニ ナウ シャキシュク シュロウタラギャラーダ ジ カバー キャー

ヤ マ ドウオ シ ナウ ロー ハン シャ バダ ゲ ンダ アラ サ サハラ シュタビヤ タ ラマー ナウ シャ

キシュアラダート ヤー バ ンナウ マ ドウ ビ ジャ ナウ ダート ト ナウ ビ ヂャー ナー ビ ヂャー ナウ

ビ ヂーヤーキシャヨウ ナー ビ ヂャーキシャヨウ ヤー バ ンナウ ジャ ラー マ ラ ダン ナウ ジャ ラー

マ ラ ダ キシャ ヨウ ナウ ドツ キャ サ ンボ ダ ヤ ニ ロウ ダ マーラギャーナウ ジャ ナン

ナウ ハラー ヒチ ラ ハラーヒチ トベーナ ボウ ヂ サ トバ シャ ハラ ジャハー ラ ミ ター マー

シリ チャー ビ カ ラ チャ シ ター バ ラ ダツ シ ター バ ラ ダ ナウ シチ タバー ダ

タラ ソトヲ ビ ハ ルヤー サー チ キャラント ニ シュッタ ニ ラバー ダ チリヤドバ ビヤ バ シッチ ター

サ ラバ ボ ダー ハラ ジャ ハー ラ ミ ターマー シリチャー ヌー タ ラーン サ ンミヤ キサン ボウ

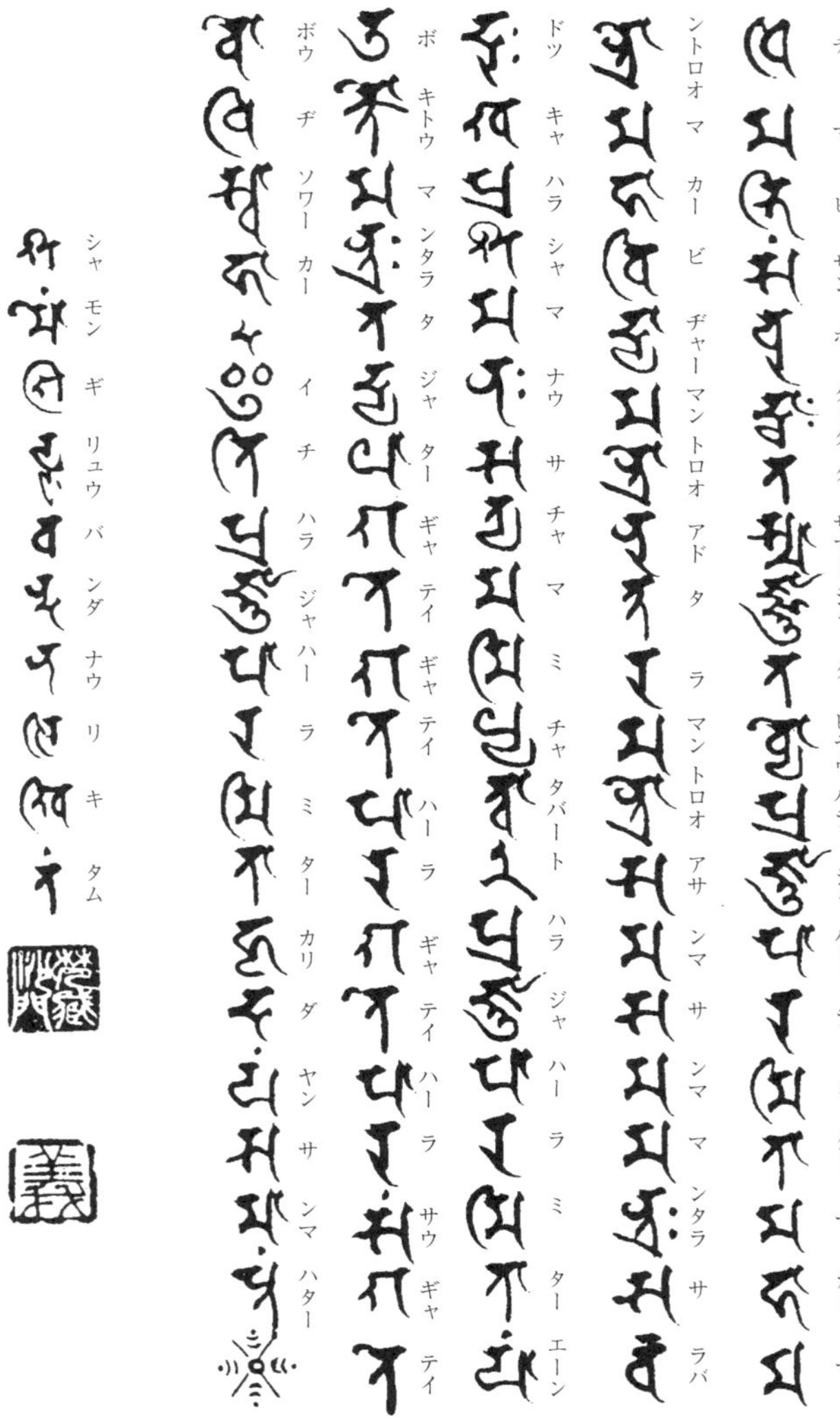
チ　マ　ビ　サン　ボ　ダーク　タ　サマージャ　タ　ビヤウハラ　ジャ　ハー　ラ　ミ　ター　マ　カー　マ
ントロオ　マ　カー　ビ　ヂャーマントロオ　アド　タ　ラ　マントロオ　アサ　ンマ　サ　ンマ　マ　ンタラ　サ　ラバ
ドツ　キャ　ハラ　シャ　マ　ナウ　サ　チャ　マ　ミ　チャ　タバート　ハラ　ジャ　ハー　ラ　ミ　ター　エーン
ボ　キトウ　マ　ンタラ　タ　ジャ　ター　ギャ　テイ　ギャ　テイ　ハー　ラ　ギャ　テイ　ハー　ラ　サウ　ギャ　テイ
ボウ　ヂ　ソワー　カー　イ　チ　ハラ　ジャハー　ラ　ミ　ター　カリ　ダ　ヤン　サ　ンマ　ハター
シャ　モン　ギ　リュウ　バ　ンダ　ナウ　リ　キ　タム

(沙門　義隆　敬書)

る方法としては、おもに真言陀羅尼や種子（しゅじ）の徳を説いていたようです。

前述の浄厳律師は、民衆教化（きょうけ）のために力を注いだものの一つに、真言陀羅尼の普及がありました。それは人々の求めに応じて、真言陀羅尼を授けてあげることでした。ただ書いて授けるばかりではなく、それを毎日拝むことを課しています。

ア字の梵字（ア）を授かった人々には、大日如来のご真言アビラウンケンを毎日五百遍唱えることを約束させて揮毫しているのです。それでも、梵字を求めて止まない人々が絶えなかったようです。

梵字の写経

漢訳経典の場合、一行十七字詰めという決まりがありますが、梵字で写経するときは、必ずしも捉われなくてもよいのではないでしょうか。

それに、通常の写経用紙を用いると一行十七字では納まりません。

本稿に掲載した梵字『般若心経』のお手本の用紙は、市販の『般若心経』用のものを用いていますから、十七字では納まりません。一行二十字になっています。

行数については、弘法大師空海の『般若心経秘鍵（ひけん）』に、つぎのような一文があります。

「文は一紙に欠けて、行は則ち十四なり。謂つべし、簡にして要なり。約にして深し。」

すなわち、『般若心経』は「その文が極めて短く、紙一枚にも充たず、わずか十四行である。はなはだ簡単な経であるが、その意味は深くまた肝要なおしえである」となります。

このなかの十四行ということについては複数の説があります。

つまり、十四行は、十七字の写誤ではないか。あるいは、「故説」以下の呪を除く。また、梵本では経文の分量を数えるとき、一頌を三十二字としているので、全体の字数を十四で割ると三十二字十四行になるという説などがあります。

どちらが正しいかは別として、梵文の偈頌の場合、音節の数によって、「シュローカ」、「トリシュトゥブ」、「アールヤー」の三種類があると言われています。仏典にもっとも多く出てくるのが十六音節より成るシュローカです。シュローカは、三十二音節ずつに区切って数える場合にも用います。

梵文の『般若心経』は、長行（散文）であって偈文は最後に説かれる部分のみですが、一行三十二字で書写した場合、大師の言うように十四行で納まります。堀内寛仁編『悉曇テキスト』（高野山大学出版部）附録に所収されている校訂本は、横書きで一行三十二字十四行で書写されています。

今回は、縦書きで漢字の写経用紙を用いたため、十七字・三十二字ともに納めることはできません。私自身、梵字の場合、行数を厳密に規定しなくてもよいのではないかと思っております。先徳の書写された梵字『般若心経』は、いずれも行数をきちっと決めて書かれてはいないようです。したがって、梵字の場合、十七字・三十二字は一応の目安となればよいのではないでしょうか。

梵字『般若心経』のお手本

現行書写読誦されてもっとも普及している玄奘三蔵の翻訳された『般若心経』の梵本は、現存していないか、あるいは発見されていません。私たちが書写の対象としている梵文『般若心経』は、法隆寺貝葉梵本に収められている『般若心経』が原本になっています。法隆寺本の内容は、玄奘三蔵の漢訳にほぼ近いので、玄奘三蔵が翻訳の際用いた梵本と同系に属するものと思われています。

法隆寺本は、漢訳諸本に比べて若干の脱落があると言われています。そこで古来より、多数の校訂本が作られています。

校訂本については、古くは榛葉良男『般若心経大成』（昭和五十二年、開明書院・原版昭和六年）や白石真道「般若心経略梵本の研究」（『日本仏教学協会年報』第十二、昭和十四年度）に数多くの梵本校訂本が収録されています。現在でも資料的にみて高く評価されています。

これらのなかで、梵字（悉曇文字）で書写されたものに、冒頭で述べた浄厳律師の『貝葉訳経記』一帖が現存しています。これは、貝葉書体を毛筆で書写し、かつ貝葉体の趣きを残した、資料的に見ても価値の高い写本です。

慈雲尊者も梵本『般若心経』の校訂をして、多くの自筆写本を遺されています。その大部分は、『梵学津梁』のなかに収録されています。『梵夾三本』として『阿弥陀経』、『普賢行願讃』とともに刊行された『般若心経』は、文頭記号、句末記号、文末記号や自らの語学方によって句義釈をつけた便利なものとして広く世に知られています。

私が校訂本として用いたものは、榊亮三郎校訂本（『解説梵語学』所収）で、『般若心経』の校訂としては便利なものです。『般若心経』の解説と和訳、ローマナイズを附したもので原文はデーヴァナーガリ文字です。このデーヴァナーガリ文字を悉曇文字に写し替えて用いました。

第五篇　毒語心経提唱

山本（やまもと）　玄峰（げんぽう）
（一八六五―一九六一）
（元臨済宗妙心寺派管長）

序

白隠禅師六十歳の御時、その血滴々（けってきてき）を「般若」にそゝがれたのが『毒語心経』である。先師般若老漢八十八歳（昭和二十八年）の臘八大接心中、これを提唱された録音をそのまゝにまとめたのが本書である。今年は白隠禅師二百年の遠諱（おんき）と、般若老漢七周忌に正当致しますので両大老の暖皮肉を一丸として敢て江湖に奨むる次第である。

昭和四十二年三月

龍沢寺現住

宋淵敬白

摩訶般若波羅蜜多心経

此の経一紙二百七十四言は、大乗之至極般若之枢要也。真空を体と為し、離相を宗と為し、無碍解脱を用と為す。蓋し大乗の行人初め自心の根元を究めて我法二空の正眼を豁開し、観照通達するとき、理事無碍円融自在挙足下足、一法有ることを見ず、又一法無きことを見ず。終日説いて未だ曽て説かず、終日行じて未だ曽て行ぜず。是れを観自在菩薩の深般若を行ずと曰う。

なぜ大接心をやるか

一年に一度、ことさらに臘八大接心というものを設けて修行をせねばならぬ。これは初心の人のためにやむことを得ずやることであって、ほんとうに自心の根源を明らかにして一切時、一切処において間違うということなしに世に接していく。また世間のすべてを迷信なきところに導いていこうという修行をしておる者ならば、この修行は、寝ておってもできる、仕事をしておってもできる。むろん歩いておっても汽車に乗っておってもできる。それでなければまた、ほんとうのことはできない。

ところが初心のうちはそういかぬから、やむを得ずこういう一つの規矩（きく）を設けて、水ぎわをたてるというごとくに、きちっと切り目をつけて、まず八日間を一日として、あるいは線香一本として、今朝（昭和二十八年一月十八日）の三時から二十五日の朝、鶏（にわとり）の鳴くまで――昔は鶏鳴（けいめい）といって、鶏にすべて時を頼んでおったから、鶏の鳴くまでを線香一本として修行をしていく。

そんなことをせんならぬというのは、だいたい法がますます堕落してきたからである。もともと、ほんとうに修行をしようという者なら、学問をやりやりでも、事務をやりやりでも、人間にはひまな時間はいくらでもある。便所に行っておる間にでも修行はできる。これは四時（しいじ）の修行で、人の力ではない。自分のほんとうの力で自分の魂を磨（みが）いていく仕事であるから、いつでもできる。ところが、それが理屈どおりにいかぬから、われわれ専門家でも、ことさらに接心というものをこしらえ、その上このように臘八の大接心をこしらえる。

これは命（いのち）とりの大接心という。命とりというのは、何も生きておる人間の息（いき）を切らして命（いのち）をとるのではない。人間八万四千の毛穴を持っておるといわれて、八万四千の妄想・妄念を持っておる。それをことごとく殺し尽くす。殺し尽くせば、戦争と一緒だから、こんどは八万四千が、八万四千の妄念ではなく、自分の身を保護していく護法善神となる。般若の十六善神もみなそうであって、もともと身を害するものが身を保護していく。

人生わずか五十年、その半分は寝て暮らす身であるけれども、本智本能においては生死はない。人間は業を積んでいく、それも善業を積めばいいけれども、悪業に悪業を重ねていくから、人間の世界がますます今日のようにむずかしくなってきておる。

昔は一人と一人の勝負で、自分の気に入らぬ者があれば個人で対決した。今は罪のある者もない者も水素爆弾みたいなものをもって殺してしまう、けんかもだんだん大きくなってくる。何のためにそんなことをせねばならぬか。水素爆弾の恐ろしいことは、だれでも知っておる。それでも仕方がない。そういうふうに人間というものは、ますます悪因の上に悪果を積みあげていく。

そこで、ほんとうの道理がわかったら、決して自分と自分に害をするようなことはあろうはずがなし、むろん人に害を与えて自分をよくしようというような偏頗な心は起こそうとしても起こされない、そのようになる修行をするのじゃ。

無碍解脱のはたらき

明日からは、毒語注心経の序文はとりおいて、直接根源の般若の本体について話をするけれども、今日は、東嶺さまがここに注をつけておかれた『摩訶般若波羅蜜多心経』の構造について話をする。

「此の経一紙二百七十四言は」、この心経一部が二百七十四文字になっておる。これは、「大乗之至極、般若之枢要也」、この心経というお経は、大乗の至極――もう至り尽くした理想を説いたものである。

般若というのは智恵。摩訶というのは大ということであるが、大というても、愛鷹山は富士山より小さいが、富士山は愛鷹山より大きいという比較の大ではない。これは絶大の大であって、尽乾坤に尽実際しておる大である。人間のめいめいのほんとうの本智本能というものは、そういうものである。われわれはそういう智恵を持っておる。それほど大きな智恵であるが、これを小さくすれば、どんなこまかいことにでも使える。実に自由自在の智恵を持っておる。それで、明日からそのことについて話をする。

「賊は是れ小人智恵君子にすぐれたり」というて、智恵がなくっちゃ泥棒もできなければ何もできない。だから、ほんとうの智恵を根本智、般若智、本心智(ほんしんち)ともいう。明治の教育勅語にいうてある「智能ヲ啓発シ徳器ヲ成就シ」と。これならほんとうの智恵の極致、般若の枢要(すうよう)といえる。枢要というのは、智恵のかなめ、いちばん肝心かなめ。智恵がなくちゃ何することもできない。この智恵の極則(ごくそく)のところ、だから枢要という。

「真空を体と為し」、真空妙有(しんくうみょうう)というが、真空というても何もないというのではない。ある。あるも、あるも、尽乾坤(じんけんこん)にずっと充満しておる。兜率悦(とそつえつ)和尚問う、「即今上人(そっこんじょうにん)の性、甚(いず)れの処にか在る」という、これは般若の智恵、すなわち真空。

ここに、あとで妙有ということが出てくるが、人間というものは、真空――全宇宙いっぱいになっておる。人間は、全宇宙と何としても離れることができない。全宇宙にあらゆるもの――森羅万象(しんらばんしょう)日月星辰、日月は遠いかしらぬけれども、いくら遠いというても、昔は月まで二十四万里というたものじゃ。月は光るもの（星）のうちでいちばん近いのじゃが、それでも昔の言葉に二十四万里というたんじゃから、太陽との間の距離でもどれくらいあるか知らぬ。

とにかく、人間は自分たちの本智本能ともいうところの広大無辺なる智恵を知らないで、小さくなって、ちぢこまっておる。しかしこの智恵が体となって空中いっぱいにひろがる。すなわち、「離相を宗と為し」である。形というものは、いくらよくても形じゃから、こわれることがある。

身体(からだ)もそうじゃ。いくら器量がいい、美人じゃ、うつくしいというたところで、三日見ぬ間(ま)の桜かな、時々刻々にどんどん変わっていく。ところが、本体、本能においては、決して変わりはないから、これを宗と為すのである。また、「無碍解脱(むげげだつ)を用と為す」と。何事によらず、無碍、差しさわりなく、解脱、とどこおることなしにサッと解決をつけていく。この智能というものがはっきりすれば、快刀乱麻(かいとうらんま)を断つがごとくである。だからこれを般若の智剣ともいう。

人間は智恵のないほど情(なさけ)ないものはない。ところが、その智恵が、使い方によって自分の智恵で自分を傷つけることになる。江藤新平(えとうしんぺい)（明治政府の司法卿）という人が、自分で法律をこしらえておいて、その自分のこしらえた法律で、反乱者として死刑にされた。そういうことがないように、この智恵をいくら使っても使っても、人も喜ぶ、自分もよしというように、だれにも好かれ喜ばれるようにする。

人間は、徳がなかったら、いくら智恵があったって、しようがない。この自分の徳を傷つけることのないようにしていくのが、ほんとうに無碍解脱がはたらいておるという。だから、「蓋し(けだし)大乗の行人(ぎょうにん)初め自心の根源を究(きわ)めて」と。

仏教でも、小乗というのは、あちらで聞いたり、こちらでたずねたり、あちらで人相を見てもろうたり、こちらで手の筋を見てもろうたりする。いや政治がよいとか悪いとか、そういうことばかりいうておる者がある。つまり小乗の人なんじゃな。

大乗は、人は何といおうが、自分と自分に徳のないこと、力のないことを自省しておるから、人を責めん。自分がもう少し力があり徳があり智恵があり、すべてがそなわっておったなら、自由に世に立ってやっていく。そうして、日本なら日本を肩に担(にの)うて、何とかしてわれわれ国民一般が苦患(くげん)のないように、苦労を少なくしていく政治を作っていきたい、という元気のある者となる。これが大乗の行者である。あれが悪い、これが悪いと責任を突っついたら、これはしようがない。

国というものも一つの隔(へだ)てであるが、何十年も南米に行っておっても、やはり日本に帰りたいという。客となって楽しまんよりも家に帰らんにはしかずじゃ。どこがいい、景色がいい、住(すまい)がいい、料理がどうだ、風光がどうだというてみたところで、自分の家に帰ったほど人間は心の安まることはない。国でも同じことで、自分の国に帰ったほど心の安まることはない。そこで、自分が自分の本智本能の自性に帰ったほど、心の安まることはない。家に帰れば、われをわれとすべし、家に帰らざれば、われをわれとすることなかれ。おれが、おれが、というけれど、自分の性根だまがどこにおるやら何やらわけがわからぬ。わからずに人ばかり頼っておるのが、小乗の行者である。

延命十句観音経（えんめいじっくかんのんぎょう）のごとく「念々従心起念々不離心（ねんねんじゅうしんきねんねんふりしん）」とある。何とかして一切衆生を安楽の地に少しでも引きよせたいというのが仏の願心。その仏の願心を相続していくのがわれわれ僧侶の願心。それがすなわち大乗を行じていくのじゃ。その心得なしにして、食っていくだけ、生きていくだけを楽しみにするならば、それは小乗の行者であって、凡夫の仕事じゃ。だから出家、大乗の行者はまず自心の根源をきわめる。

正眼を豁開する

金剛経に「応（まさ）に住する所なくしてその心を生ず」とある。道元禅師は、

水鳥のゆくもかへるも跡たえて
されども道はわすれざりけり

と。この心のはたらきを大燈国師は、

水の中たづねてみれば波はなし
されども波は水よりぞ立つ

この心の根源を、

としどしに咲くや吉野の山桜
木を割りて見よ花のありかを

というて、自心というのはそういうものじゃ。この心というものが、ポカポカ向こうに行ったり来たり、いつも引っ張り回される。好きなものが立てばいい気持になるけれども、いやと思うものが立てば見るのもいやじゃ。おぼろ月夜の影もいや、こうなってしまう。だからその心のひとつ根本を明らかにする。

この心の起こるもとはどこにあるか。と、みずから心の根本を明らかにすれば、摩訶般若、大智恵がはっきりする。そこを見性（けんしょう）という。修行をしてそこを「豁開（かつかい）」する。「我法二空」、自分も、法もみなこれはこしらえたもので、本来空（くう）じゃ。法というものは自然にそうないと事の備わりがついていかぬから、そこを人間が実践できるように作ったものじゃ。それだから憲法でも、日本の憲法は日本では通用するけれども、アメリカに行っては通用しない。しかし、この正法というものは日本だけでなく、どこの世界に行っても通用する。また人間がおってもおらなくても通用していくのがこの正法じゃ。それがすなわち仏法の正法じゃ。

正法は、「観照通達（かんしょうつうだつ）」というて、観照（みて）らしていく。これは向こうを見るのではない。観は観世音菩薩の観で、自分の心をちゃんと観て照らす。自分というものが暗かったり、自分のレンズが曇っておったら、どんなものを映そうといったって映りはしない。これを大円鏡智ともいう。大円鏡――大鏡じゃ。これは摩訶鏡というてもよい。

そういう鏡をちゃんと、めいめい持っておる。それを磨く。そうすれば、終いにはレンズも何も要らぬようになる。初めのレンズの入用なうちはまだだめなんじゃ。レンズも何も要らずに、ほんとうに天地とわれと同根、万物とわれと同一体、この尽乾坤、人の物というたら、それこそ卯の毛の先もなくなる、みな自分の物にならねばいかぬ。そうして、自分の家を守っていかねばならぬし、自分の家族を守っていかねばならぬ。みな自分となって守っていくのじゃ。それを真言では胎蔵界ともいう。華厳経では事法界ともいう。それは差別界。根本は華厳経では理法界というておる。真言ではこれを金剛界という。

それがもとであって、もとたって道生ずる。もとを知らずに、事界というて、差別ばかりを見ていく。その差別の出るもとが、易などでは混々沌々として鶏卵のごとくというて、鶏がまだ卵の中から出ないごとくで、しかも一切のもとがある。このもとを金剛界ともいうたり、理法界ともいうたり、あるいは趙州和尚では無ーッというたりしている。それが金剛の正体是非の外、是とか非とか、ああとかこうとか差別のない本体であるのじゃ。人間なども、もとがある。いろいろの細胞が結晶してきて生まれてくる。世の中の草木国土、何一つとして、何もないということはない。

これとして形の現われないこの宇宙間にも、もとがある。自分にも、まためいめいにも、こうしてそれぞれに形が現われておるけれども、その現われないもとがある。そのもとが大切である。それが心となったり、智恵となったり、感情となったり、また感情ならばうれしかったり悲しかったり、いうにもいえないほど、飛び立つほど大歓喜地を起こしてみたり、身の置きどころもないように沈みこんでみたり、とらわれていくのが差別じゃ。

そのもとがよくわかると、因果応報、自分の原因というものが作った業によってこうなっていく、こうなってきているということがはっきりわかる。だからこれを「正眼」というのじゃ。正しい一つの眼を具する。そのために坐禅をして、接心をしておる。臘八接心もそのためじゃ。正眼、これ摩醯首羅(まけいしゅら)の一目という。この目がここに一つ、眼のさやが縦(たて)に切れておる。その道理を承知してみると、真空離相の根本が大切ということがわかってくる。

「理事無碍(むげ)」ということは、理は理体(りたい)ということでもと、事(じ)は現われた世界、事(こと)ということ、裏表自由自在にして、中道実相を失わない。だから「円融自在」とここにある。

われわれの修行も根本にいって修行をする。これを修行する者は他人事(ひとごと)じゃない。これを五つにわけて、五位となって、正中偏、偏中正、正中来、兼中至、兼中到といっておる。決して中道を失わない。この宇宙の理をピンと自由自在に。だから地球があっちに傾きこっちに傾きしても、この中道は一分一厘も間違わぬ。日が長くもならない、短くもならない。ちょうど彼岸には北緯何十度となっておるから、三月、九月に彼岸の中日にあたるが、これは昔でも、三千年前からでも五千年前からでも、ちゃんとこうなっている。

この人間は、一個の小天地じゃ。その中道をふみはずすことのできないように、祖師方の教え、仏の教えもみな、きちんとそうなっておる。宇宙というものは点滴でも嘘をいうたら嘘をいうただけ、悪いことをしたら悪いことをしただけ報いがある。自業自得じゃ。だれもひっかぶってくれる者はない。この生において業を受けなんだら、未来において受ける。死んだら消えていく、そんなものではない。そんなことは天が許さん。この理は理事無碍、円融自在にはたらいて「挙足下足」、足を挙げるも足を下げるもそこに元来「一法有ることを見ず」と。

歩くにはどうしたって、いくらおれがといって気張って足を踏ん張っておったっていかぬ。やはり足を挙げたり下げたりせねばならぬ。法則も規則も自然のもの。そうしていかなければ一寸の道も動くことはできない。これを間違いのないように、人間として行くべき道を行き、踏むべきことを踏んでいく。身体や足だけじゃない。精神の持ち方もまた間違いのないように。「又一法無きことを見ず」、そうしていけば「終日説いて未だ曾て説かず、終日行じて未だ曾て行ぜず」、朝から晩までいくら喋(しゃべ)っておっても人に害をすることもなければ、人が迷惑することもない。これを「観自在菩薩の深般若を行ずと曰(い)う」と。

めいめいが観世音菩薩じゃ。これはよく心得ておかなければならぬ。世の中のすべて、人のなすこと、祖師方や昔の聖人君子のなされたこと、それを見たり聞いたりして、そうしてそれを行(おこの)うていくのが観世音菩薩じゃ。菩薩というのも、菩提薩埵摩訶薩埵というのをちぢめて、頭字と一字だけをとっていうておる。これは「観音さま」でもいいけれども、正しくは観世音菩薩とか観自在菩薩とかいう。

観世音菩薩というときは、すべての世の中の人の振りを見てわが振りをなおしていく、人のよしあしを見て、自分の性根を取りなおし取りなおして、どうかして世の中のため人のため、自分のためにもなるように、自分の身体(からだ)をも扱っていくのが、観世音菩薩である。観自在菩薩というときは、自分のいうこと、自分の声を、嘘(うそ)ではないか、間違いはないか、こういうことをいうと人の気にさわりはせぬか、こんなことをいうたら人に誤解をまねきはせぬか、こういうように自分と自分をかえりみて生きていくのじゃ。

観音の正体(しょうたい)是非のほか、鵲噪鴉鳴(しゃくそうあみょう)了時(りょうじ)なし、是(ぜ)とか非(ひ)ではない、ほんとうの般若の智恵の当体を自分の坐りどころとしていく。自分のいちばん枢要の根本智恵を持っていく。そうして、千変万化、千手千眼というように、とどこおりなく、玉の盤をめぐるがごとく自由自在にはたらいて、決して間違いなくいくのが、観自在菩薩である。菩薩ということは、慈悲ということになる。どこまでも慈悲心を持っていくことが菩薩の境界である。だから間違いなくすべてを見て、ほんとうに慈悲を持って世に立っていくように、われわれ観自在菩薩になるよう修行をこうしてやっていくのじゃ。

やろうと思えばやれる

これから一週間、ほんとうの修行をやっていく人には、臘八接心なんというものは迷惑千万じゃろう。こんなものがなくてもやれるのだし、やっている。けれども、そこが慈悲の菩薩じゃから、仏子じゃから、こうして遠いところからおいで下さったり修行をする人に、どうかして一分間の時間も無駄にさせないように、点滴（てんてき）もすき間のないように修行をしてもらうように、油を捧げてこぼさざるがごとく、これから一週間やらねばならん。

このごろは世の中が便利になって、かえって人間が弱くなった。どこでも臘八大接心というたら蒲団をすっかりみな副司寮（ふうす）にあずかって、そうして一週間、（身振りをして）頭をこうもこうもせずに、骨折る人はほんとうに骨折ってやっておったのじゃ。細川玄照といった人などは、わしも一緒にやったけれども、一週間、頭をこうしたのもああしたのも見ぬというくらいにやった。それくらいにしてやる。わざわざ単衣(ひとえ)もの一枚で……。

うち（竜沢寺）にいる男でも、昨日あたり、まる裸で、さるまた一つで仕事をしておる。やる気になったらできる。寒いなんと思ったら、できやせぬ。あれだって、刑務所に十一回も入ってきた男じゃ。ところが、これは悪いことじゃ、世の中の人を苦しめ道ならぬことをして、世の中を狭いうえにも狭く暮らさなければならぬというのは自分の心得違いじゃ、世の中というものは広く暮らせるものを、ということを覚(さと)って、真剣になって、まる裸で、さるまた一つで……。昨日なんか、つめたい風の中でもやっとる。

やる気になったらやれる。臘八接心でも、ねむたくなるからというて、単衣もの一枚、前の川にも入っていく、みな寝ておる間に。寝ておるというても、寝ていはせぬ。臘八大接心では、大勢おると、二本警策(けいさく)でやる。それが夜になったら灯を少し細くして、一本警策にして朝までやる。その中で、何とかして了々として見性(けんしょう)したい、ほんとうに自性を識得して生死を脱する、そうなくしてとうてい菩薩の行(ぎょう)は行(おこな)えない、何とかして、という大願心があるからじゃ。

世話する者でも、典座(てんぞ)なんぞでも、わしらのころ、九十七人にもなるし、それに居士(こじ)の人も来ておる。それを一人でやる。薪なんてありはせぬ。柴ばかりで、上がったり下りたりして、柴たき、飯たきをやらねばならん。それも、一度飯をたいたけれども、いかぬ、お客があったから、また飯をたいてくれ、……それでまた、たかんならん。しかしやる気になれば何でもやれる。

このごろは、時勢で、身体がすべて鍛えこんでおらぬ。昨夜も寝ておって考えた。この間、名倉さんが、蓄電池のガタガタの自動車で送ってきてくれた。これ、人がやったらダメですぜ、わしが扱っておるからコレ動くのです、うちの若い者にでも扱わせたら、じきに動かんようになる、という。

わしの身体でも、そうじゃ。もう使いつぶして古くなっておるから、そっとしておく。昨日も目がまわって、目がまわるのか家がまわるのかわからん。仕方がないから、使えない。けれども、若いときに鍛えておるから、よほどのことでも苦しいなんと思ったり、退屈するような時間なんて一分間もありはせぬ。若いときに、袈裟文庫をかけて、岐阜へ出て、虎渓へ出て、多治見から夜出て、伊勢まいりして大阪までぐるっと鈴鹿越えていくのに、途中でたった銭二銭使ったきりだったことがある。二人づれじゃ。

その人を知らんとせばその友を見よ。商売人でも何でもそうじゃな。だれそれの友だちといえば、アアそれなら、というて人が安心してくれる。こうやって、うちあたりにおる者でも、ほんとうに修行する者は、ほんとうにもう、くっつき合って修行をやる。愚人は愚によるというて、悪いやつは悪い方によっていく。どうかこれから一週間、ひとつ頭をこうもああもやらぬように骨を折るのじゃ。

闡提窟中困学参徒　饑凍編集
寒餓校正

著語幷に頌

葛藤窟裏の瞎老漢、裩無うして却って草裏に帰して坐す。憐む可し傅大士、処処楼閣を失することを。言うこと莫れ冷淡にして滋味無しと、一飽能く万劫の飢を消す。

参天の爛葛藤を撥転して
四海五湖の僧を絆纏す
願わくば君出身の路を認得して
藕線孔中に快鷹を弄せんことを

褌一つせぬ全裸で本性を投げ出した

「闡提窟中」、白隠さまは、阿栴陀羅の輩仏性無しというところから、この闡提窟という号はつけられた。仏というてもほんまのことではない。符牒じゃ。こういうところから白隠禅師が窟号を闡提窟としておった。

「困学の参徒」とあるとおり、当時は、第一に食うものがなかった。着るものがないくらいのことはあたりまえの話で、食べるものがない。だから、「饑凍編集　寒餓校正」、そこにおる者は、饑凍寒餓というように、饑え凍えふるえ餓しておる。そういう者が集まって編集をしたり校正をしたりした。ただ食べるものがない、そんなことに屈したわけではない。法に饑え法に餓する人、法のために喪身失命を避けざるほんとうの道者が集まって、白隠さまの「著語幷に頌」――著語されたもの、頌をつくられたものを、あとで結集した、集めた、ということじゃ。

「毒語」というてあるが、この毒にあたらぬとだめである。この毒にあたって、一ぺん息絶えて絶後再びよみがえらない人間は、生々しておる。餅の生焼けみたいな、蛇の生死にみたいな、ヌラリンヌラリンとしておる、それだから一向、らちがあかないわけじゃ。

「葛藤窟裏の瞎老漢、裩無うして却って草裏に帰して坐す」、葛藤といえば、フジカズラ、クズバカズラがもつれあっておること。これはどういうことかというと、教相によって教理をきわめていく、すべて六離合釈七種立題というようなものを立てて教義をずっと研究していく、組み合わせ組み合わせして研究していく、そういうことによって自己の心性を明らかにしようということになると、なかなかむずかしい。それはそうじゃ。めいめい自性からずっと自心の根源に行くことは容易でない。それが葛藤窟裏の消息じゃ。

それを白隠が、まる裸になってそこに放り出して見せてやる、という。裩無うして――褌もはかずに、まる裸で出たごとくにさらけ出して、皆にひとつ知らせてやるという。

そうなってみると、「憐む可し傅大士」、傅大士は、弥勒菩薩の再来、十二老という。これも話し出すと大へん長くなるからやらぬが、十二因縁に因んでそういう。

「処々楼閣を失す」、十二因縁も何もない、根本に到ってみると、そんな遠まわりをせいでも、原因結果というものは、カッとわかる。ああじゃこうじゃ、いろいろな理屈は要らない。こういうわけだからこうなる、こういう理屈だからこういうようになる、と文章に書いたり、いろいろいうておるけれども、ほんとうのことが自分に明確になって、青天白日の自心のこの心境をもってみると、こうなったらこうなる、このことはこうなると、何でも、原因結果というものは明らかになる。

さあ、そうなってみれば、小むずかしいことがないから、「言うこと莫れ冷淡にして滋味無しと」、味もソッケもないワ、ほんとうに清浄無垢の水のごとくに何もない。それでないとまた物にならぬ、にごり水ではどうにもならぬ。水にちょっと重みがあっても、三百五十匁以上の水では酒をつくることもできない。いろいろなものが混合しておるからじゃ。

そのかわり、「一飽」、一ぺん腹がふくれたなれば、「能く万劫の飢を消す」と。一ぺん大悟徹底自心の根源がはっきりしたならば、千生万劫すたるということはない。ほかのことは焼けたり無くなったり、増えたり減ったりするけれども、千万劫飢を知らぬ。だから、たとい虚空は尽くるともわが願は尽くるまじ、と、ひとりそう出てくる。人からいわれいでも、仏が何といおうが達磨が何といおうが、点滴も偽りがない、点滴も添えごとがない、点滴も齟齬することがない、この正法をほんとに承知しなければならん。

正法、正法というが、もともと正法という名もない。正法という名も、かりにつけたものである。これをほんとうに承知するためには、無相定に入って――世間の一切の事を断って修行せんならぬのであるが、この無相定に入ることが、なかなかできない。だから臘八のこの一週間も、そのために時間を割いてやる。一分の間でも妄想、煩悩、――いろいろの余念をまじえずに、三昧正受というて、三昧に入る。そうすれば、正受で、必ず正しく自然に合致する。

自然に合致しないことは、どんなことでもでき上がらぬものじゃ。自然科学は、自然へ合致していくから一つのことが成り立つけれども、それもこしらえものじゃから、大自然のようなわけにはいかない。そうして、自然科学のやり方も、すべて時期がくれば、必ずこわれる。

いくら鳥の真似(まね)をして飛行機を作って、自然に添うように空中を飛んでみたところで、鳥には及ばん。鳥は何でも拾うて食べて、木の実を食べてでも虫を拾うて食べてでも、よく飛んで、どんな木の枝にも止まりもするけれども、人間の作った飛行機は、速いことは速くても、途中で落ちることもあれば、おりるべきところでなければ、おりることもできない。鳥みたいなわけにはいかない。ほんとうの自然は、実に自由を得ておる。カイツブリ一つでも、自然にできたものは、ちゃんとほんとうの自由を得ておる。人間の知識の智恵でこしらえたものは、どうしても、自然にでき来たったものと同様な香りも味わいもできん。たといやってみても、じきに失敗してしまう。

だから、われわれ修行する者は、根底を明らかにする。自然の根底、根底中の根底、根本中の根本を明らかにする。そこを、まる裸になって白隠禅師がこう投げ出して見せる。

蓮の穴に書斎を建てるように

「参天の爛葛藤（らんかっとう）を撥転（はってん）して　四海五湖の僧を絆纏（はんてん）す　願わくば君出身の路を認得して　藕線孔（ぐうせんこう）中（ちゅう）に快鷹（かいおう）を弄せんことを」、裸になって見せれば見せるほどわからなくなる。あの理屈この理屈と理屈をつけると、ほんまのことはわからないでも、いくらか理屈はわかるようであるけれども、まるでこのまま投げ出すと——われ汝にかくすことなし、仏は、ちっとも何もかくしはせぬ、かくすどころか、何とかしてひとつ、ほんとうのことを知らせてやりたい、知らせてやりたい、一つもかくしはされぬが、かくさねばかくさぬほどわからなくなる。自分の目が自分に見えぬと同じことで、自分の性根だまが見えん。

人間というものは、その性根だまと自然とが異なっておるように思っておるのが第一の間違いじゃ。人間は一個の小天地じゃ。人は天地の小なるもの、天地は人の大なるものである。しかし、これがわからぬから爛葛藤（らんかっとう）となる。

四海五湖というて、中国には、鴨緑江（おうりょくこう）とか揚子江（ようすこう）とか、あるいは江南湖西というように、西湖とか、河やら海やらわからぬような大きなのがたくさんあるが、その周囲におる坊さんたちも、ことごとくごっそり縛（しば）り上げられておるわい。何に縛り上げられておるか。

狗子（くし）に還（かえ）って仏性有りやと問われて、趙州和尚は「無」と答えた。サアそれがある場合には「有」ともいう。仏性の有るものがどういうわけで犬になりますか、かれにかえって業障（ごっしょう）のあるがためなりという。業障は業のサワリ。めいめい今まで積んできた宿業というものがあって、それが身体（からだ）をも縛れば心も縛っておる。智恵もこれに縛りとられておって、ほんとうの智恵が出ない。業のために絆纏（はんてん）されておるのじゃ。

願わくば君出身の路を認得して――どう出身するか、自分の本来の面目が、今までのような、目が一つ一つ、あちらへ一つ、こちらへ一つついておるのじゃない、ガラッーと大きな目があくのじゃ。

よく目があいておるというけれども、目があいておったって、障子一重隔（へだ）たっても、壁一重隔たっても、見えやせぬだろう。それが三世古今に徹する活眼を開けば、障子を隔たっておろうが、壁を隔たっておろうが、山を隔たっておろうが、月を隔たっておろうが、星を隔たっておろうが、三世古今を通観する。それを仏眼（ぶつげん）ともいえば正眼ともいう。爍迦羅眼（しゃからげん）という名もつけておる。何という名をつけてみようが、心眼を認得しなければ何も見えぬ。

心眼を認得して、「藕線孔中に快鷹を弄せんことを」、蓮根（れんこん）を折ると、その中からスウッと糸が出る。あの糸の穴の中で鷹使いをするように、どんな微細中の微細のことまで自由自在に心や智恵をはたらかせていけという。大きなことはしよい。こまかいことが、いちばんむずかしい。何千倍というような顕微鏡で見なければ見えぬバイ菌が、人間の命もとれば、稲も枯らす。ものに害をしておる。こまかい中にもこまかいものが、いちばん大切なんじゃ。

けしのみの中くりぬいて家たてて
　はなれざしきで学問をする

これはだれかの歌じゃけれども、あの小さいけしのみの中をくりぬいて家を建てて、またその上に離れ座敷の書斎を建てて、そこで学問をする、それくらい仔細に参究する。――藕糸の孔中で鷹を使っていけというのと、言葉は違うけれども、はたらきは同じじゃ。

摩訶

唐には翻して大と云う。是れ什麽ぞ。四維上下等匹無し。多くは錯って広博の会を作し了れり。君子財を愛す。之を取るに道有り。我が為に小底の般若を過し来たれ。

百億の須弥(しゅみ)毫末(ごうまつ)の露(つゆ)
三千世界海中の漚(あわ)
蟭螟(しょうめい)眼裏(がんり)の雙童子(そうどうじ)
閻浮(えんぶ)を玩弄(がんろう)して争い未だ休せず

愛財にも道がある

「摩訶。唐には翻して大と云う」、摩訶とは梵語の「マハ」の音訳で、意訳すれば、大きいということ。しかし小さいに対する大きいではない。絶大の大だ。「四維上下等匹無し」、東西南北、四維上下。尽十方に亙(わた)って、くらべるもののない「摩訶」じゃ。どんなちっちゃなちっちゃなところにも光っておる摩訶じゃ。ところが「多くは錯って広博の会を作し了れり」、たいていの者は、ただ大きく広いことくらいに解釈してしまっておる。とんでもないことじゃ。

「君子財を愛す」、財がなくてはならぬけれども、これを使うに道有りで、君子も財を愛す、じゃ。人のいう言葉にばかりついてまわると、どっちがいいやらわからなくなる。財に限らず、学問もそうである。「わしは学問なんて……」などという人があるが、学問はいくらあったってよい。あるほどよい。それを使っていく力があれば、どれくらい学問があっても邪魔にならぬ。財産もそうじゃ。全世界の財産家に負けないだけの財産家が、日本にも出ねばならぬ。カーネギーみたいな、ああいう工合の大財産家が出なければならぬ。財産がないと何もできぬ。けれども、それを取るにも道有り、使うにも道有りじゃ。ここでは「財」をかりていうておるけれども、ただの財ではない。この財は、ほんとうに、虚空は尽きるとも、増減なきところの宝である。減りもせぬが増しもせぬ財を愛する。「之を取るに道有り」、道をもってこれを取らねばならぬ。

「我が為に小底の般若を過し来たれ」、いつもいうとおり、小さいことがいちばん大切なんじゃ。目に見えない、三千倍の顕微鏡を持っていっても見えないようなバイ菌が、人間をどしどし殺していく。いま日本中に結核患者がどれくらい寝込んでおるやらわからぬ。各県の病院にどれくらい結核患者がおるか知らぬが、あの菌は、普通の目を持っていって見たって見えない小さいバイ菌であるが、この菌にみないじめられておる。

われわれの身体にしてもバイ菌の結晶みたいなものじゃ。それと同じことで、日々の小さいすべてを、ほんとうに造次も是れをもってし顛沛も是れをもってする。こうして手を振り足を動かしする間にも、少しでもすきまのないようにする。そのために修行するのじゃ。小が大切だからといって、何でもコセコセ小さくなるようでもいかん。相手のつけこむすきまもない、自分の本体、性根だまが、乾坤（けんこん）いっぱいに、それこそ桶（おけ）にもいっぱい、鉢（はち）にもいっぱいになる。鍋にもいっぱい、釜にもいっぱい、針の針孔（みず）にもいっぱい、みちみちておることを、はっきりわかっておかなければならん。何とも思わいでも、いつでも充満しておる。だから白隠さまがいわれたように、仮寝（うたたね）して、ひじまくらして寝ておっても、十重禁戒をたもてるようにならねばならぬ。

大徳は細行をつつしむ

十重禁戒というたら、心に三つ、身に三つ、口に四つの十悪業（あくごう）がある。貪欲（とんよく）・瞋恚（しんに）・邪見（じゃけん）、それから殺生（せっしょう）・偸盗（ちゅうとう）・邪淫（じゃいん）、それから、悪口（あっこう）、両舌（りょうぜつ）というて、あっちへ行ってこういい、こっちへ行ってこういい、綺語（きご）というて、おへつらい、妄語（もうご）というて、ないことをあるように嘘（うそ）をいう。心には三つ、身に三つじゃが、口がいちばん罪をつくるから、口に四つ禁戒がある。人間のいちばん己れを傷つけるモトが口じゃ。

殺生というのは、生物を殺すだけではない。時間を殺す、時間をむだにしていく、これが第一の大殺生である。偸盗といえば、物を盗むのじゃが、手を出して盗まなくても心で盗む。心で盗む気がなければ手が出ていかない。邪淫では、一夫一婦のほかの淫事をやかましゅう戒めておる。昔から国をほろぼすのも邪淫がモトになるといわれている。

豊太閤くらい偉い人でも、まだ軽い身分だった初めからお互いに難行苦行してきた寧子(ねね)という夫人をおいて、淀君(よどぎみ)とああいうことになったけれども、寧子夫人は、とてもりこうな人だから、尼になって、京都の高台寺に入った。後々ああいう有名な寺になったが、あそこに入って庵をかまえて、真剣に坐った。あそこは禅宗じゃから。清盛(きよもり)のときにも、祇王(ぎおう)・祇女(ぎじょ)という姉妹が、「仏も昔は凡夫なり、われらもついには仏なり、いずれも仏性具せる身をへだつるのみこそ悲しけれ」と尼になってしまった。清盛のほうも、ああいうふうに邪淫を犯し、平家もほろびた。人間だから、人情でそうなってしまう。だから、一歩踏み出しをあやまると、何事もああいうふうになる。

この小底の般若、どこからそんな気が起こってくるやらわからない。大徳を成ずる者は細行をつつしまねばならぬというが、大きいことはしよい。ほんとうの細行がむずかしい。これがパッと凡眼(ぼんがん)の前に現われる。いま二十五万倍という顕微鏡ができておるが、細行はそういう顕微鏡をいつもかけておるようにやる。

「百億の須弥(しゅみ)毫末の露」、われらの住む世界を須弥四洲というて、南閻浮洲(なんえんぶしゅう)、東勝身洲(とうしょうしん)、西牛(さいご)貨(け)洲、北倶盧洲(ほっくる)というふうに、東西南北に洲がある。地球などは南閻浮洲にはいる。まず須弥(しゅみ)

山がある。それから東西南北四維上下というように、ずっとわけてゆき、それをまた六十四卦というふうに割ってある。また、六十一で暦は還暦していく。六十一でまたモトへかえるように数学上なっておる。それだから、昔の天動説でも、日蝕でも月蝕でも、きちんと合うようになっておった。

昔は天動説を守っておった。とにかく地動説というものは、コペルニクスという人が地動説を発表したけれども、その地動説の本がとうとう三冊売れただけで、あとはだれも買い手がなかったという。その人がなくなるときに、わしの書いた本は、今はそうかしらぬが、これから幾年の後になると、小学校の児童でも必ずこれを読むようになる、というて死んだ。

しかし、その前から仏教では、たとえ天動説にもせよ地動説にもせよ、宇宙間の動かすべからざる道理と、それから、人間がほんとうにめいめい、こうはたらかなければ、人間としての本能を尽くしてお互いに切磋琢磨して世にまじり合って円滑自在に世の中の平和をたもつことができないということ、自然の宇宙の理体と自己の理体とは一緒だという説なんじゃ。

毫末といえば、秋の兎の毛というものは薄く細うなる、その細い兎の毛のさき、また、めいめいの捷のさき、そこに一切がおさまっていく。そうなってみると、「三千世界海中の漚」、三千大千世界も海中のあわみたいなものではないか。えらいものじゃ。シベリアあたりで、南洋における動物の骨が、次から次へたくさん出てきたりするけれども、長い地球の歴史からいうたら、何が生きておるというたって、海中のあわみたいなものである。地球ができて、爬虫類時代がきて草木が生えるようになるまでが八十億年くらいかかっておるというが、八十億年というたって何というたって、この宇宙からいうたら短いものじゃ。

ましていわんや、その地球にいる人間が、人生わずか五十年、その半分は寝て暮らすで、生きていく間に罪をつくっておる。自分のささいな楽しみのために、一家の和合を破ったり、人のお世話にならんならぬようになったり、莫大な金を使うて刑務所に入れられたりしておる。何がそういうことをさせるかというと、どこから出てくるやらわからぬようなバイ菌がひょっと出てきてやる。これが「蟭螟眼裏の雙童子」じゃ。

「閻浮を玩弄して争い未だ休せず」、何が何やら顕微鏡でもわからぬ小さなヤツがぷっぷっと現われてきて、南閻浮洲を手毬のごとくにつきまわしておる。そうして、未だかつて休せず、いつからいつまで同じようなことを休まずやっておる。ほんとうにそうじゃぜ。ほんとうの偉い政治家が出てくると、世界中を手玉にとってまわしておる。サァそれが、

としどしに咲くや吉野の山桜

木を割りて見よ花のありかを

というようなもので、突っかい棒を除って見ると、何があるか。めいめいに、ほんとうに、大きなことよりも、目にも見えない、形にも現われない、二十五万倍の顕微鏡をもってしても見えないところの細行をつつしんで、大徳を成就していかなければならぬ。大徳を成じないくらいなら、ただブラブラして、ぜいたくをして、わが身をほろぼし家をほろぼし国をほろぼすようなやり方をやるような極悪大罪人と同じである。そういう者になってはならぬ。

これがわからぬ。禅堂で坐り込んで、三十人おっても四十人おっても、直日のところに立っておる線香のアクがポンと落ちると、真剣になっておる人は、腹の中にずんとこたえるが、ただモシャモシャと、腹の中で何やら煩悩妄想かいて坐っておるだけでは、仕方がない。もう三日たった、やれやれ、というような気でおるのがいる。そんな人間には、腹にずんときやせぬ。それこそ大地震でもあって世の中がひっくり返ればどうか知らぬけれども、自分の身がひっくり返っても、いくところを知らぬ。

今日は、三日目になる。身体もととのうてくる。どっしりと、ひとつ大いに坐り込んでもらう。今いうように、坐っておると、こっちが静かにしておると、風呂場でコッンコッンやられると、あれがまたこたえる。こちらがざわざわしておったら、それが何が何だかわかりゃせぬ。だから、始終自分を明鏡体にしておく。一ぺん底を抜いておくと、三千大千世界がみな自分の胸中にすっかり入っておるのじゃから、どこをブラブラ歩いておっても、明鏡体も何もない、顕微鏡も望遠鏡も要らない、すっすっと行くのじゃが……。ヘレン・ケラーが全盲、全聾で、ものが見えるというのも、あれは心眼が開けておるから何でもわかるのである。

ハイ、今日はこれで。

般若

唐には翻して智慧と云う。人人具、箇箇円なり。泥団を弄する漢、何の限りか有らん。嶮崖に手を撒せざれば、未だ曽て見ざること在らん。何が故ぞ、燈下に爪を截らず。尺蠖をして長短を弁ぜ令む可きも、蝸牛をして石田を耕さ使むること莫かれ。

雙耳聾の如く眼盲の如し

虚空夜半全身を失す

鶖子(しゅうし)をして親しく見せ令(し)むることを容(ゆる)さず
戻脚(れいきゃく)の波斯(はし)別津(べっしん)を過ぐ

人々具足の智恵

この「般若」、これはインドの言葉そのままをもってきておるから、これを「唐には翻して智慧と云う」と。だから、「人人具」、智慧のない者は一人もない。人人具足しておる。「箇箇円(まどか)なり」、ちゃんと箇箇円成。一寸の虫にも五分の魂というが、みな智恵を持っておる。この智恵を根本智ともいう。初めにあった般若の枢軸じゃ。扇の要(かなめ)と同じことで、要(かなめ)がズーンとしておらねば扇の用はなさん、ほんとうの根本智がきまっておらなければ……。

その根本智がないと、「賊はこれ小人智恵君子にすぐれたり」で、泥棒をするような者が智恵がないようなことでは泥棒はできぬ、悪いこともできない、というけれども、それは迷智――迷いの智恵というものであって、迷信である。自分ではもういちばんよいことのように思う。ところが、それはほんとうのことでないから、周囲からはきらわれる。せっかく人間に生まれて、人間の仲間入りを快く(こころよ)することもできぬようになっていく。そして智恵は智恵を使っていく。だから、ここで一週間も大接心をやるのも、智恵を磨く(みが)ためである。

みがいたらみがいただけのひかりあり
　性根だまでも何のたまでも

というが、磨いた上にも磨いて、とうとう何もなくなるまで磨きぬく。百合(ゆり)また一片(ぺん)というて、百合根を一つ一つはいでとっていくと、終いには何もなくなる。ラッキョウの皮をはぐように、はげる。今はげておる最中の人もおるし、また、はぎ終わって、「到り得還(かえ)り来たって別事無し、廬山(ろざん)は煙雨浙江(せっこう)は潮(うしお)」というように、もとにかえって修行をしていきよる者もおる。一定ではない。また、一つ根本を得たからといっても、粗に入り細に入り、八万四千の法門をことごとく尽くさねばならぬのだから容易なことではない。見性(けんしょう)了々として自心の根源を明らかにしたから、それでよいというわけにはいかん。ほんとうの事々(じじ)上に明らか、物々(ぶつぶつ)上に明らかにならねばならん。

その智恵を、人人箇箇円(まどか)に具しておる。天は同じように与えておる。一人でも与えておらぬという者はない。これは悪いことをする人だから少し与える、あれはりこう者だからチトたくさん与える、そんな不平等はしない。同じように人々が持っておる、自分の宿業(しゅくごう)、これまでつくってきた業（ごう）によって業報を受けておる。ポカッと人間に生まれてきたわけではない。釈迦如来も娑婆（しゃば）に往来すること八千たび、と前生経というものをちゃんと残しておる。阿難（あなん）尊者に自分の前生のことをずっとお話しになった。

　金光明最勝王経だけ読んでみても、ちゃんとわかる。こういうわけだから、こうなった、前生にこういうところに生まれておったときには、池がかれて、雨がなくて、魚がたくさん死んでゆく。そのころ桶（おけ）というものはインドでもなかったものと見えて、水を袋に入れて運んで、その魚を助けた。その功徳によってこういうことがあるとか……。

　あるいは、虎が八匹の子を産んで、それが大きくなったところが食べさせるものがない。子どもが大きくなるとますますたくさん食う。乳くらいでは足らぬようになる。何か生きものを捕（と）ってきて餌を与えなければいかぬが、餌を捕りに行こうとしても、子どもがとりまいて餌を捕りに行くことをさせぬ、といって餌を捕ってきて食わせねば子どもも親も餓死する。それを見て、兄弟三人――そのときの兄の名は何々、わしの名は何々と金光明最勝王経の十巻にはちゃんと名も書いてある――つくづく考えて、それぞれ一句ずつ偈（げ）をとなえて、兄さんたちは行ってしまったが、自分はあとに残って、何とかしてこの餓（う）えた虎の親子を、自分の命を捨てて助けてやりたいと思って、自分の身体（からだ）を虎に食わそうとした。ところが食わない。そこで、枯れた竹をとって身体を裂いて血を出して行ったら、わしの身体を食った、これがそのときの骨である、と示された。仏に妄語なしじゃ。かくのごとくにして、生まれかわり死にかわりして、ついに浄飯王のところに生まれて、法成就、四諦の法門を明らかにされた。八相成道なんということもあるが、今日はおくことにする。仏がほんとうに人をしてお互いに和合し合うて暮らしていくように、罪をつくらないようにさせようというのが、仏の大慈大悲。そこからほんとうの智恵が出る。この智恵は、根本智である。

正眼は回光返照せねばつかめぬ

お釈迦さまは、あの正覚山において三年の間、茅膝を穿つというて、茅の根が足に生えるまでに坐禅しておったという。アララ仙人カララ仙人のところから出てきて三年の修行。それからブッダガヤに来て、菩提樹下で見性了々何を悟ったというたら、一切衆生如来の智恵徳相を具する、生きとし生けるものことごとく仏性あり。

これが徹底自分のものにならぬと、ほんとうの慈悲心なんというものは起こらん。一切衆生、世にあるもの、ことごとく如来の智恵徳相を具しておる。根本・本源より出る。どこから出るということはない。天地自然の真理の根底をみな具有しておるからじゃ、如来の智恵徳相は……。

それであるのに、と、ここに白隠さまがいう、「泥団を弄する漢、何の限りか有らん」、あの理屈がどうじゃ、この理屈がどうじゃ、そういう文字の上でこういう理屈が合う、そんなことばかりこねまわしておるのは、ちょうど土団子をあちらにころがし、こちらにころがししておるようなものじゃ。だれがいうたって彼がいうたって、ほんとうのことのいえる人はない。ホンの譬喩を言葉に残しておるだけのものである。ほんとうの味わいをどうして味わうか。

今日のように科学が進歩してくると、味わいも香りもみなうつる。姿そのまま写真にうつれば、テープレコーダーで声もうつる。声だけではない、香りまでうつってくる。電話でもそうじゃぜ。酔っぱらいが電話をかけると、電話機を通して酒くさいのがうつってくる。だから、世の中のこと、こういうことでも、わしが嘘をいえば、この言葉が、全世界、全宇宙にずっと伝わる、消えていきゃせぬ。

それであるのに、つまらぬ――自分は一生懸命だろうが、本を読み本を読み、あれがああいうておるから、これがこういうておるからという。それは本を読んで、すべて前車のくつがえるを見て後車の戒めともなしていかんならぬ。本を読むほど得なものはない。また、これほどよいことはない。ところが、本を読むようになれば、本に読まれてあの理屈この理屈と、何が何じゃら、終いにわけがわからなくなる。

だから、ここの白隠和尚が著語して、「嶮崖に手を撒せざれば、未だ曽て見ざること在らん」と。嶮崖に手を撒すというのは、一ぺん絶後に、再びよみがえる。今、初心の人はそれをやっておる。蒲団上で死に切って、死んでしまわねばならぬ。

白隠和尚も、「若い衆よ、どうせ死ぬなら今死にゃれ、一度死んだら二度とは死なぬ」というてござる。一ぺん死にゃれ、死に切らねばならぬ。そうして、絶後再びよみがえる。死に切らぬから、蛇の生殺しみたいに、いつもグニャグニャしておる。一ぺん死に切らねばならぬ。が、死に切るというて、死に切れるものではない。

百尺竿頭に一歩を進めて十方刹土に全身を現ず、というても同じこと。竹なり杭なりの頭にあがって、足をそこにふん張って、一歩を進めて飛んでみよ、どうなるか。十方刹土に全身を現わす。何も百尺の竿頭に上がらなくても、嶮崖に上がらなくても、このままここに坐っておって、ズーンとやる。そうすると、ガラーッと十方刹土に全身を現わす。

ゆえに、嶮崖に手を撒せざれば、未だ曽て見ざること在らん、「何が故ぞ」と。これが白隠の白隠たるところじゃ。「燈下に爪を截らず」、これもいろいろ注がある。たいてい、燈の下で爪を切ると危いからとか怪我をするからとかいうくらいの解釈であるが、そんなものとは違う。白隠の偉いところはここにある。

「尺蠖をして長短を弁ぜ令む可きも」、尺蠖というのは寸取り虫じゃ。寸取り虫を連れてきて、寸取り虫に、ここからここまでというて測量をすることがもしできても、「蝸牛をして石田を耕さ使むること莫かれ」、蝸牛は、でんでん虫、かたつむりじゃ。人情は蝸牛の角のごとし。かたつむりは、ちょっと調子がよいとサアッと角を出して、何かというとちょっと角を引っ込める。人と人との間でも、ちょっと調子がよいと、じきにお友だちじゃ、ちょっと調子が悪いと知らぬ顔をする。蝸牛に田を耕さしむること莫かれ。何ゆえにこういう言葉をここに持ってきておるか。

われわれが本を読むには、いちいち文字や文章を読む読み方もあるが、われわれ禅宗坊主の読み方は、文より意味を先に読む。だから、これはどういうことを眼目として書いておるか、その眼目を先に承知して、そして、文章はいろいろ上手にも書き、下手にも書いてあっても、読むべきを読む。

絵でも何でも、たくさん並べていろいろのものを描いておっても、この絵はどこが眼目であるか。月を眼目にして橋を描いたり水を描いたりしておるのか、月は添えものになって橋や水を描いておるのか。鳥一つちょっと描いてもそうじゃ。鳥が眼目になって梅や竹があったりするのか、何でも眼目が一つ定まっておる。ある先生が、富士山だけでもどれくらい描いたやらわからぬというが、なかなかぐあいよくいかぬ。一生絵を描いてござるけれども、だれが見ても眼目というものがない。ここが眼目という正眼が抜けておる。どこもかも同じように見える。肝心の眼目がないから、どこをとってよいやらわけがわからぬ。

人間だってそうじゃ。アレはりこう者で学者じゃという。いくらりこう者だったところで、肝心の眼目がない物知りでは役に立たぬ。それらの意趣合いがはっきりわからぬと、「雙耳聾(そうじろう)の如く」、両方の耳があっても聾のよう、「眼盲(まなこもう)の如し」、見ることは見ておるけれども、まったく見えてはいなくて、その人間が幽霊みたいなものだというのじゃ。毎度いうとおり、紙一重隔たっても、壁一重、ふすま一重、障子一重隔たっても、もう見えない。心眼というものがないから、そのところだけしか見えぬ。両方の耳があっても、それこそ何にも聞こえず、目も見えぬと同じことじゃ。が、しかし、修行するには一ぺんここまで行かねばいかぬ。「虚空夜半全身を失す」、虚空にどんな形があるか。「鶖子(しゅうし)をして親しく見せ令(し)むることを容(ゆる)さず」と。

鶖子というのは舎利弗(しゃりほつ)のこと。舎利弗のお母さんが、鶖という鳥のごとく賢明だった。その子供だから鶖子(しゅうし)という。その舎利弗を母親が妊娠しておるときに、兄さんの長爪梵志(ちょうそうぼんし)という人が、家に帰ってきたら、妊娠しておる母親のようすがすっかり変わっておる。ただではない、これは普通の弟は生まれない。それから、爪を切るひまも髪を刈るひまもなしに勉強した。そこから長い爪――長爪梵志という。

その弟の舎利弗、釈迦十大弟子のうち、智恵第一の舎利弗じゃ。それから、神通第一の目連(もくれん)、戒行第一の羅睺羅(らごら)……。羅睺羅はお釈迦さまの子じゃ。多聞第一の阿難(あなん)、聞いたことを一つも忘れない。ところが、迦葉(かしょう)尊者がある。それなら迦葉尊者は初めからお釈迦さまと仲よしかというと、そうではない。お釈迦さまをやっつけよう、殺そうと思ってかかったくらいだ。しかし、その舎利弗の智恵をもってしても及ぶところではない。

「戻脚(れいきゃく)の波斯別津(はしべっしん)を過ぐ」、戻脚は足の不自由な人、波斯はペルシャ人ということ。ぐずぐずいうておるうちに、足の不自由なペルシャ人が、どこの国へ渡って逃げていくやらわからぬ、という。あとで出た足の不自由な人に追い抜かれる。こういうことはああこう講釈はいらない。一体どういうことであるか、めいめいにひとつ感じとってもらうより仕方がない。

これは白隠さまの偉いところじゃ。すべて雲門の宗旨を自由自在に手に入れておるからじゃ。紅旗熌爍(こうきせんしゃく)というが、東に旗を立ててあったら西に伏兵がある。真田幸村(さなだゆきむら)は、戦争をするのに雲門宗の法によってやっておる。雲門宗がほんとうに手に入らないことには、ああいうたって、こういうたって、しようがない。もとにかえり、もとにかえり、繰り返し繰り返し回光返照(えこうへんしょう)せねばならん、自分の性根だまをだ。それがない限りは、それこそ足の不自由な人にでも追い越されてしまう、あわれなものじゃ。が、それも一つの譬喩（ひゆ）である。昔でも、生き馬の目を引き抜く勢いでものごとをやらなかったら、落伍者になった。

このごろの時世は、生き馬の目を引き抜くぐらいのことでは足りぬ。飛び馬の目を引き抜くくらいの元気がなければいかぬ。そのくらいの元気を持っていても、その元気がちっとも外から見えぬようにする。下手なことをやると、ちょっと来いとやられるぜ。大いに修行が要るのはここじゃ。

波羅蜜多（はらみった）

唐には翻（ほん）して到彼岸（とうひがん）という。者裏（しゃり）是れ什麽（なん）の所在ぞ。土を掘って青天を求む。蝦（か）跳（おど）れども斗（と）を出でず。宝所（ほうじょ）近きに在り、更に一歩を進めよ。釣絲（ちょうし）水を絞（しぼ）る謝（しゃ）郎（ろう）の舟、明眼の衲僧（のうそう）も暗（あん）に愁（うれ）いを結ぶ。

大地誰れか是れ此岸（しがん）の人

甚だ憐む錯って洪波の津に立つ
参究若し未だ命根を断ぜざれば
修して三祇を歴るとも枉げて苦辛す

宝所近きにあり

「波羅蜜多」、これは、摩訶般若波羅蜜——波羅蜜をいう。これは、「唐には翻して到彼岸と云う」、中国では翻訳して彼の岸に到るというておる。が、白隠和尚がここに著語して「者裏」、これは、「是れ什麽の所在ぞ」、彼の岸に到るというが、いったいどこに到るのか。彼の岸というて、どこの彼の岸のことか、という。どこへ行くか、この赤道に沿うてひとつ一直線に西に行くなら西に行くだけずっと行ってみい、やはりモトのここに帰ってくる。どこにも行きゃせぬ。ここから出て、まっすぐちゃんとここに帰ってくる。どこの岸に行くのか、と。

昔から横車を押すということをいうが、横車は押せないが、一直線なら、クルッとまわってモトへもどる。東西まっすぐなら、クルッと行ってクルッと帰ってくる。向こうに行くのではない、うちへ帰り、うちへ帰りする。また、向こうに行くなら、迷信でも何でもかまわぬ、行きよればいつかどこかに行きつく。

あれは迷信じゃからというても、迷信でも、悪心のない迷信だったら、迷い迷いでも、必ずどこかに行きつく。悪心がない迷信なら迷信だってけっこうではないか。ないよりましじゃ。西方十万億土の阿弥陀のところへ往生する。ほんとうに往生するときめこんでおる。それが、迷信でもよい。そのかわり罪をつくったら因果応報ということは免れない。善業をつくればいいけれども、悪業をつくれば因果応報、自分のつくった業は、必ず自分が背負って立つよりほかに仕方がない。だれも背負ってくれやせぬ。しかし、土を掘って青天を求めるような迷信家も世の中にはいくらもある。「土を掘って青天を求む」というのは、土を掘って、土の中をあせって青天井を探し求めるようなものである、という。

こういうことでは、「蝦跳れども斗を出でず」というて、エビザッコが、一斗枡の中に入れられたら、その中でパチンパチンはねておっても、いつまでたってもそこから大海へ飛び出していくことができん。「大象、兎径に遊ばず」という言葉があるが、枡の中のエビザッコのような気持では大海は見えぬ。「鯨海水をのみつくして珊瑚樹を露出す」という言葉がある。また、「一口に西湖の水を吸い取り吸尽し来たれ」という洞山和尚の言葉がある。その元気がなければ、ちょうど小さいエビザッコが一斗枡の中でピチャピチャはねまわっておるようなものである。妄想煩悩かいて、わけのわからぬことをやっておる。

しかし、「宝所近きに在り」、宝所は、遠いところにはない。西方ここを去ること遠からず、自心の性根だまにある。

天何をか云う四時行なわる——天は決して人に悪を与えたり迷信を与えたりはせぬ。自分が、勝手次第に迷い迷っておる。だから、「更に一歩を進めよ」と。百尺竿頭に一歩を進めて十方刹土に全身を現わすがよい。

釣絲の水をしぼれ

そうして、「釣絲水を絞る謝郎の舟」、網打ちを知らない人には何のことかわからぬが、網をザァーッと打って、スウーッと水をしぼる。これはどういうことか。こんなこと、わかりきっておるようなことだが、わからぬぞ。

だから、白隠さまも「明眼の衲僧も暗に愁いを結ぶ」、ほんとうに磨きに磨き上げた性根だまを持っておっても、暗に——暗示ということをいうが、外に現われずに、心の底で、愁いを結ぶというて何の愁いを結ぶかというたら、せっかくこの明るい道がありながら、暗い道や細道をたどりたどり歩いておるように見えるから、まことに愁いを結ぶのである。何もほかに愁いを結びはせぬ。

世間の人が、済むとか済まぬとか、よいとか悪いとか、くしゃくしゃいって騒いでおる、ああ気の毒なものよ。青天白日、――人々知るものぞ知る。なることはなる、ならぬことはならぬ、できることはできる、できないことはできないように、ちゃんと、道理が示しておる。それを、するべきことをせずにおっては、この道理はわからぬ。孟子にも「苗を助(ぬ)く者なり」というておるとおり、時節ということも因縁ということも考えずに、また何でも物の成功を早くとりたいと思うて方途を見失う。

夏のかせぎもほどほどに
　穂にあらわるる秋の田の上

秩序よく、種(たね)を選び肥料を選び、草を刈り耕していれば、秋のみのりが自然にできざるを得ない。それをよう待たず、ただ稲を早く引き抜くようなことをやりがちだ。「衣(え)をおもえば羅綺千(らきせん)重(じゅう)、食(じき)をおもえば百味具足」と臨済もいうておる。自然そういうように恵み恵んでくる道理である。

それを、やるべきことをやらないで、妄想分別ばかりをかく。自分の勝手がよくさえあれば人の勝手は庇のカッパ、何とも思やせぬ。人の迷惑、そんなことは何とも思わぬ。それで終いに、だれがいちばん迷惑するか。自分が迷惑する、こういうことになる。暗に愁いを結ぶ。気の毒じゃというのじゃ。気の毒といえば、これほど気の毒なことはない。

そこでここに「大地誰れか是れ此岸の人」、到彼岸なんかといって向こうに向こうに、たずねよったら、だれもいつまでたっても到らない。無限の水を探求すれば、源きわまれど水きわまらず、である。利根川にしろ木曽川にしろ、もうここからという源はきわまるけれども、水は自然にどこから出てくるとなしに出てくる。水源をきわめることはできない。

われわれの修行はそこをきわめる。「究め来り究め去るべし」、これは大燈国師の遺誡である。「光陰箭の如し、謹んで雑用心すること莫れ」、ああだとかこうだとかいうような用心をせずに一直線にきわめつくす。

ここに白隠さまが「甚だ憐む錯って洪波の津に立つ」と。ちょうど、カジもなければ帆もない、機関もそなわっておらぬような舟に乗って海の中でプラリンプラリンしておる。そうして、だれか来て助けてくれるかと思って、あっちに相談したり、こっちに相談したりしておる。相談するならまだよい。洪波の津に立つというて、世の荒波の中を、自分の足もとの土を掘って天を求めるような妄想煩悩をかいていはしないか。

「参究若し未だ命根を断ぜざれば」、どこまでもひとつ、この命根を断じ、絶後に再びよみがえる。いくたびいうても同じことじゃ。嶮崖に手を撒する。それができなかったら、「修して三祇を歴るとも枉げて苦辛す」、修して、三祇劫——われわれの地球が三たびかわる間やっておっても、いつまでたってもこれという解脱はできぬ。

今日は「示衆」が長いからこれで。（一月廿二日御提唱）

心

歴劫名無し、錯って名字を安著す。金屑は眼中の翳。衣珠は法上の塵。是れ什麼ぞ。多くは錯って驢鞍橋を認む。学道之人真を識らず、唯だ従前の識神を認むるが為めなり。無量劫来生死の本、癡人喚んで本来の人と為す。

分明なり三世不可得

長空を一掃して点埃を絶す

禅榻夜闌にして鉄よりも冷し
半窻の明月梅を帯びて来たる

名はすべて附着物

まずお互いにいちばん毎日はたらかせておるのは「心」じゃ。これは、「歴劫名無し」、名はだいたいないものだが、こころと名をつけておる。「錯って名字を安著す」、日本語ではこころ。「こころ」は、日本人にしても中国人にしても、インド人にしてもイギリス人にしても、世界中の人が、名はたとえどっちにころんでも、こころ。こころがいちばん大切じゃ。

その心が、泣く、笑う、よろこぶ、怒る、腹立てる、ものを貪る、限りなく千変万化してはたらく。北条時頼の歌にも、

こころこそこころまよわすこころなり
　こころにこころこころゆるすな

とある。この心をひとつ自由自在に、心配して使っていかねばならぬ。よく人は心配をしてはな

らぬというが、心配はせねばいかん。心配りのことじゃが、ほどよく心配りをする人が世の成功者になる。それを、心痛といって、心を痛めていく人は、神経衰弱になったり、気鬱症になったりする。それからまた、心づかいをようせぬ人は、まったく世の落伍者になってしまう。その心が千差万別にはたらく間において間違いのないように心を使っていく修行を、今みんながやっておる。

「金屑貴シトイヘドモ眼ニ入ッテ翳トナル」といって、金、銀、瑠璃、硨磲、碼碯、珊瑚、琥珀、一切の宝のうちでも、世界中どこへ行っても、まず、金がいちばん貴い。また、ほかに比べもののない効能がある。人間の身体の中にでも金はどこに入っても毒にはならない。

この金といえども、眼に入れば翳となる。ここでは「金屑は眼中の翳」とだけ書いておるけれども、金ほど大切なものはないが、その金くずがちょっと目に入ると、それこそもう大変なことになる。

心もそれと同じことだという。心の使い方も、悪いと、とんでもないことになって、自分の身体をそこなうばかりでなく、人に害を加えることも限りがない。

「衣珠は法上の塵」、衣珠とここではいうておるけれども、これは、すべての方便。いろいろ文章を書くのに、飾ったり、ほんとうにほめるべきことをほめなかったり、悪いことをよいように綴り上げて新聞に出したりする。そうなると、みなこれは法上の塵で、大切な世の中を汚すことになる。ここには言葉をつづめて、衣珠にたとえておる。

文章はいくらうまくとも、内部を書くわけにいかぬ。火を書いても、その火が熱いこともないし、竹を書いたって竹が燃(も)しつけにもならない。ほんとうのものではない。着るものも、りっぱなものを着たからといって、羽織ハカマでいかめしい顔をしてみたところで、法上の塵で、自分の本体がくさっておれば何にもならない。

「多くは錯(あやま)って驢鞍橋(ろあんきょう)を認む」、ここでちょっとかいつまんで書いてあるが、「驢鞍橋を認めて阿爺(あや)の頤(あぎと)と為す」という。とてつもないことをやる。馬の鞍骨と親のアギト骨とを間違えるような間違いが、世の中にはたくさんある。

「学道之人真を識らず」、われわれの勉強は、引っ繰り返し引っ繰り返し心地(しんじ)の修行じゃ。ほかのことではない。心を真実に使って修行をする。心に使われないように、心を使っていく。学道の人は、往々そのほんとうの心を使っていく本体を識らず、心に迷い、一生ぐずぐずと、心のために使われる。

意馬心猿(いばしんえん)というて、心は、ちょうど猿の梢(こずえ)をめぐるように、ああ思っておる間にこう思う、こう思っておる間にああ思う。意識というものは、とりとめもなく、ちょうど馬が縛っておいたって、ちょっともじっとしておらぬ。頭を振ったり尻尾を振ったり足を動かしたりしておるようなもので、人間、この意識がすべて分別をしていく。眼耳鼻舌身意(げんにびぜっしんい)のこの六つのうちで、こうしたらよいとか、ああしたらよいとか、ものを分別していくはたらきが意識である。

この六識の奥に末那識(まなしき)、阿頼耶識(あらやしき)。含蔵識(ごんぞうしき)ともいうが、すっきり何でも覚えこんでおく識が一つあるのじゃ。その含蔵識へたたみこむ……。それが写真のレンズが曇っておると、ほんとうの世の中のすべてのこと、真のとおりを写しとることができないようなもので、ただ目で見、耳で聞き、そうして、心でああ思い、意識でうまく分別してみたところで、肝心の

　　みがいたらみがいただけのひかりあり
　　　性根だまでも何のたまでも

の本体がなっておらん。それやから、一つのタライに水でも入れておいて、あちらにかき、こちらにかき、泥水をかきまわしておるように一生を台無しにする。真を識らず、じゃ。

「唯だ従前の識神を認むるが為めたり」、今までにアレを知ったコレを知った、こんなことを覚えた、あんなことを覚えた、覚えたことは覚えておる、今いうた八識――含蔵識(ごんぞうしき)にたたみこんでおるかしらぬけれども、間違っておるか間違っておらぬか、どうじゃ。

自由の力とは何か

「無量劫来生死の本(もと)」、一ぺん徹底しなければならぬ。そのために骨折っておるのじゃ。そのうちには、ほとんど行きついておるけれども、わかっておっても何かガラス戸の中からものを見ておるような、ほんとうの大目玉あいてガラーッと三千大千世界を一目に見るようにはなれん。少しガラス戸の中からものを見ておる。そこでもう一歩、踏み破らねばならん。踏み破る千山万岳の煙じゃ。もう一歩、薄紙一枚というところまで行って、グズリングズリンしておるぞ。

この生死の本におって、「癡人喚(ちにんよ)んで本来の人と為す」、妄想煩悩をいつまでもいつまで繰り返しておって、おれも一人前の人間だと思っておる。それは、目があたりまえについて、口があたりまえについて、手足があたりまえについておれば、あたりまえの人間には違いない。あたりまえの人間じゃけれども、性根だまは、というたら、今いう「癡人(ちにん)」である。

『孟子』に、「仮饒(たとい)功業を立て得るも、天地懸隔す」というておる。天地懸隔しておるけれども、人とともについて行きよるから、どうかこうか飯だけは食って一生済んでいく。飯食って、衣を着て、一人前の顔して済んでおるけれども、ほんとうの心眼がないから、いつの間にか、不平が起こってきたり、怒るべからざることに腹を立てるようなことも出てきたりする。

ある場合には怒らなければいかぬ。禅宗坊主なんぞは、言葉で人の悪口をいうても、人が迷惑するようなことはしない。殺活自在というて殺すも活かすも自由自在だが、口でいうだけではない、直接根元に殺活自在の力がなければいかぬ。いざというたら、人間の二人や三人、にらみつぶしてやる力がなければいかぬ。ほんとうの心眼を具してものをやれば、何でも彼でも、尽乾坤をひっくるめて、宇宙と自己と一緒になっていくのじゃ、それでなければ何もやれやしない。何をやっても敵一倍の力がなければいかぬ。癡人で、手桶の水をあっちに汲みかえ、こっちに汲みかえするようなことではだめじゃ。

臨済和尚もいうておる、「衣をおもえば羅綺千重、食をおもえば百味具足」。そう思えばボロも錦、食わぬでも食ったと思っておればご馳走でいっぱいじゃないか。釈迦如来は万徳円満であるが、ほんとうに秩序がととのうてこねばそういかぬ。悟ったとか何やらだとかいって、ほんとうのことがわからずに、〝世挙って皆濁れり我独り清めり、衆人皆酔えり我独り醒めたり〟というような、これを羅漢境涯というが、そんなことになってしまう。

ものを知っておると、何だ、世の中のヤツは、あるとかないとか、寝たとか覚めたとかいうて騒いでおるが、こういうけっこうなところがあるに、というておる。「青苔日暖かにして自ら塵なし」「白眼にして他の世上の人を看る」というて、世をにらみすえて暮らすようになったりする。そういう人間が、偉い気になって、今いうたような境涯になる。ほんとうの仏の境涯になったら、心を一切衆生、もう、どんな人とでも何とでも、一緒じゃ。

湖水を一口に飲み来たれ

わしは鼠を買って放したり蛇を買って放したりするといって嗤う者があるけれども、鼠であろうが蛇であろうが魚であろうが、生きとし生けるものは、それはもう実におそるべきものじゃ。沼津のランケイ社のおばさんが香貫に隠居しておって、蝦蟇を売りにきたら目にかかったのをみな買って――春さきになると蝦蟇が子を生みにくるのを捕って売りにくるのだが、それをみな買っておいて、盥に入れて、わしの托鉢に行くのを待っておる。大きな風呂敷をかぶせて大ダライに二つも三つも置いて、中には、藻の中で子を生みよるのがおるし、ガサンガサンしておる。そこに行って、施餓鬼のお経を読んでやる。そうすると、カタッともいわぬように静かにして、みなお経を読んでやる坊さんのほうに向いてきちんと据っておる。

それくらいのものじゃ。おそろしいものじゃ。それを、無量劫来、生きたり死んだりする妄想を繰り返して、そうして偉そうな顔をしたりしておるが――。

だから、ここに「分明なり三世不可得」とある。三世不可得、いつまでたっても、不可得。ここで一ぺん「長空を一掃して点埃（てんない）を絶す」というて、ムーッと坐る。大空の雲をはらうがごとくに、愚痴、我慢、嫉妬――何も彼（か）も一切の妄想煩悩をはらい果てて、そうして、「禅榻（ぜんとう）夜（や）闌（たけなわ）にして鉄よりも冷（すず）し」、すうーっと凍りきって坐る。そうすると、「半窻（はんそう）の明月梅（うめ）を帯びて来たる」というように、ちょうど明月が窓の向こうにハッと顔を出してきたごとくに、ガラーッと何から何まで天地一ぺんに明らかになる。

天地というて、向こうではないぜ、自分の境涯がである。さァそのうれしさというものは、ここに省（せい）ありとか、またいろいろ書いておるけれども、実に大歓喜（かんぎ）地じゃ。何がうれしい彼（か）がうれしいというたって、自性――自分の性根だまがわかって、不生不滅の根底を明らかにしたくらい、うれしいことはありはせぬ。心に使われて、いっこうだらしなく、済むとか済まぬとか、よいとか悪いとかいうていくのと、ほんとうに知って、心を使っていくのと、どれだけの違いがあるか。凡夫と聖人の境はそこにある。

このごろの、生き馬の目どころではない、飛び馬の目を引き抜かねばならぬような世の中に、多端の中を時間を割（さ）いて、またウチの坊さんたちは臘八の大接心を一年待って、こうやってこういうところに来て性根だまを磨いておるのだから、油断しようはずもないし、油断のできそうなこともない。

その中には、ほとんど到達しかけておる人もずいぶんある。ここでこういうておるそのあいだにも、妄想かいておらぬ人は、ガラーッと目をあいておる人もあるか知らぬ。それからほんとうの修行になる。それのないうちは、「癡人なお汲む夜塘の水」というて、大海にいて大海の水をあちらに汲みかえこちらに汲みかえするようなことを、とうとう一生して済んでいく。そこで、一口に西湖の水をのみ尽くし来たれというておるが、西湖の水ではない、尽乾坤をのみ尽くし来たれ。大いにひとつ奮発して下さい。

経

如是我聞一時仏在。咄、誰か舒巻す。多くは故紙堆中に向かって、黄巻赤軸を求む。又百合一片。

巻物を展げ、また巻くものはだれか

摩訶般若波羅蜜多心経の「経」。経は常なり今日なりじゃ。経緯（けいい）というが、この経の字をここに借りておる。木綿を織るときのタテ糸を経、横に織っていくのを緯という。この織物のタテ糸が一本切れたら、もうそれがすっかりキズモノになる。ちょうど今日の日も同じことだ。一日でも変わった太陽は出ない。だから、「来年の仏法いかん」と聞いたれば、「言うたなら、人はわらうか知らねども、おおかた出ます陽（ひ）は東から」こう答えた人もある。また公案にも、「十五日以前は汝に問わず、十五日以後の一句をいいもちきたれ」というのがある。あるいは「日々是れ好日」ともいうておる。みなこの今日じゃ。

仏が四十九年、三百六十会（え）説かれたのもこの今日じゃ。一つとして別事はいうておらぬ。別のことはひとこともいうておらぬ。が、衆生の根機が違うから、その衆生に説くために、こうなればこうなる、こういう行（おこな）いをすれば落ちつくところはここへ行くと、わかる者にはわかるように、わからぬ人にはわからぬ人のように、いろいろ方便を用いる。阿難尊者のように、多聞第一といわれて、仏のいわれたこと、一生のことを細大漏（も）らさず覚えておるような人ですら、ある場合には情欲のために虜（とりこ）になったりする。

楞厳経（りょうごんきょう）というお経がある。これから夏は毎朝、楞厳会（え）をやるけれども、この経は、もろもろの人が、愛欲情念のために己れの身を失し、つづまるところ地獄の苦患（くげん）を免れない、それを離れさすために説いたのが楞厳経である。

そういうわけで、経とは常なり、である。すべて間違わない道理を話し、説かれる、舎利弗（しゃりほつ）と応接するときには舎利弗、須菩提（しゅぼだい）と応接するときには須菩提、その人により、その分に応じて説く。この般若部は、ほとんど舎利弗・須菩提と応接して問いつ答えつした問答を集めたものが、すなわち経となったものである。

その経にまた迷いを起こすから、白隠和尚がここに下語（あぎょ）を書かれた。「如是我聞（にょぜがもん）」、お経のいちばん初めには、必ず如是我聞とこうある。それは、阿難尊者が覚えておって、私はこう聞きました、こう聞きました、という。それじゃから、是（か）くの如く我聞く、とある。「如是我聞一時仏在」とこうつづく、そこに簡単明瞭に白隠が「咄（とつ）」とやった。「誰か舒巻（じょけん）す」、その経はだれが展（の）べたり巻いたりする経であるか、というのである。経は一つの方便（ほうべん）を集めたものである。方便の「方」はカタ、方角の方、「便」はタヨリだ。方角を間違えないように便宜を与えていくのが方便。道に迷うて、どう行ったらよかろうと道を問う人に、それはこういうほうに行けと、方角を立てて便利を与えてやる。これが方便であって、方便というて別にあるのではない。

仏在世当時でも同じことで、道に迷うておる者のために説いた。――道に迷うというても、道路に迷うという意味ではない。自分の心に迷信を持っておる人に、ほんとうに正しき心持になるように、ほんとうに明るい、ほがらかな気持を持って、間違いなく一生を終えるように教える方便である。

仏は、初めのうちは、大乗の華厳（けごん）のようなことを説いた。それがなかなか皆の耳に入らぬから、やむを得ず、生老病死――人間は生まれる（生）、生まれると必ず年がよる（老）、その間には病気が起こる（病）、人生百というて百年生きるのがあたりまえであるけれども、途中で病気をして死ぬことがある（死）。それでこの四つの法門の方便を立てて、因果――原因結果の道理を皆に説いたのが小乗教である。仏説も、お終いになると、法華を説いて、七歳の童女が悟っておる。仏説も、こういうようになっておるけれども、初めは、理法界・事法界・理事無礙法界・事事無礙法界というような大乗の根本的の法を説いたって聞き手がなかった。だから、そういう方便を説かれた。それを阿難がことごとく聞いて、覚えておって、初めに是くの如く我聞くと語った。

そこへ白隠が咄と。この天地自然の、人間業（わざ）でいかんともすることのできない道理を、何というたって、どんな聖人が出てきたって、いかな釈迦の広長舌をもって説いても、智恵をふるっても、この本体は説くことができない。方便だけは説いても、ほんとうをいうことはできない。水の味をいくら説いて聞かせても、何というても、自分に心眼が開けない者にはわからない。

心眼というのはどこにあるというたら、自然眼で識得する。これを天眼通ともいう。水をのんで冷暖自知する、自分から自分とほんとうに性を明らめれば、方便の風をもって智恵の華を開かす。自分のもつ真智の華が開かぬ限りは、方便の風についてまわることになる。ほんとうの心経は、巻いたり展べたりすることはできぬものだ。

しかるに、「多くは故紙堆中に向かって、黄巻赤軸を求む」、多くの人は、古い、ここに積んでおる蔵経の中にほんとうのことがあるように思う。それは、ほんとうの道に進む方便を書き写したもの、方角を書き写したもので、ほんまのものではない。真の正法眼蔵涅槃妙心実相無相の法門に至っては、不立文字、教外別伝であるから、とうてい文字に書き尽くすことはできない。この自然の大道はいかんともすることはできない。だれもそれを巻くことも、おさめることもできない。ところが、多くの人は、書物について理屈ばかり追うてまわっておる。

黄巻赤軸というのは、中国は儒教の国、文字の国である、そこへもってきてまた仏教が入りこんできたものだから、周の時代からまた後々の時代までも、仏教をつぶしてしまおうと思って、坊主を見つけ次第殺してしまうようにしても、そのうちまた仏教が勢力を得てきて、今度は儒教のほうがおとろえ、『論語』などというああいう大切な本を土を掘って埋けたり、いろいろやったことがある。そのときに、とにかく両方に火をつけて焼いてみるがよい、そうして焼け残ったほうを国教にしようということで、儒教と道教、仏教の書物を分けて積んでおいて、火をつけて焼いた。

そうしたところが、儒教のほうはみな焼けてしまったけれども、仏書はただ煙がかかってくすぶっただけで焼けなかった。お経の本がたいてい黄色くなっておるのは、そのときに煙がかかったからこういう色を使うことになった。それで黄巻という。道教は日本の神道みたいなもので、あれも焼けた。それで、儒教のものは今、巻書というけれども、ああいうものは、巻きものでもすべて軸を赤くしておる。こういうところから、ずっと今日まで黄巻赤軸という言葉になっておる。

それが後々になると、今、いなかでもどこでも、正月にはたいていシメナワなど正月のまつりものを集めて焼く。ドンドを焚くというて、大阪あたりに行くと、火を焚いて、子供が寄ってあたる。ドンドやドンド、サギッチョやサギッチョ、欠けモチャないか、というて、モチを焼いて食ったりするけれども、末々に行って間違い、間違ってくるとああいうようになる、ということになっておるが、そうではないので、その書物を焼いたときに、仏書は左に積んでおったからに、サギッチョやサギッチョという。欠けモチじゃない、欠け文字はないか、じゃ。文字に欠けたのはないかというて皆が踊ったというのである。

焚書のときに、儒教は決して用いることならぬということになったけれども、その中でも竹に彫って残す人もあり、後々ぐあいよく、腐らぬように埋け(い)ておいた。それを掘り出してきたりした。そのときに書物は焼かれてしまっても、人間がなかなか承知せぬから、今度は儒教のほうが盛んになってくると、さあ、坊主は片っ端から殺してしまえということになる。一ぺんに十余万人の坊さんをやめさせて、その坊さんの住んでおったところをすっかり開墾したら、二十万人の人が生活できるほどの土地ができたというようなことがある。それでもまた盛んになるから、また殺してしまう。巌頭(がんとう)(全奯(ぜんかつ))のような人でも、舟の渡し守りになったりして法を護持してきたことがある。

百合の一片

大燈国師の遺誡にあるとおり、「金銀を縷(ちりば)め、多衆閙熱(にょうねつ)」――大勢寄ってワイワイ騒ぎたてる、そんなことでは正法は保てぬ。「一把茅底」というて、ほんとうに一束のワラで屋根をふいて、その中で、「折脚」というて手のないナベで野菜根を煮て、菜っぱのあか葉を拾ってきて食べて、専一に己事(こじ)修行をする者こそ「老僧と日日相見報恩底の人」である。金殿楼閣に住もうが、りっぱな着物を着て歩こうが、正法は護持していくことはできぬ。

今の仏教界では、本山とか宗務を管理するところから、こういう色のコロモを着るにはこういう位がなければいかぬなどといわれる。位階はまことになければならぬものではあるけれども、金をいくら出さんならぬということになったら、まったく俗も俗じゃ。それを本来無東西、いずれのところにか南北あらんや、というだけのことの理解もできないような坊主がいる。昔だったら、紫衣の大和尚といえば容易なものではない。陛下の前に三拝していただかなければ紫のコロモは着られなかった。それが今日だれでもかまわず着るようになっておる。こういうことになってくると、まったく仏や祖師は泣いておる。泣いておるどころではない。黄巻を食いものにし、お経を売りものにして命をつなぐようなことになってしまった。実に情(なさけ)ない話じゃ。

しかし、白隠さんはそんなことしておらぬ。ただ「又百合一片」というた。

お経が、四十九年三百六十会八万四千の方便の法門を説いていくのは、ちょうど百合(ゆり)を一つ一つ外側から剥(は)いでいくようなものじゃ。ラッキョウの皮をむくように。むきつめていったらどうなるかというたら、終いにはもう何もなくなる。何もなくなるというて、何も彼(か)もなくなるのではない。人間には八万四千の毛穴があるから、八万四千の妄想・煩悩・愚痴・我慢・嫉妬・瞋恚・邪見というような気持がある。そういう妄念を剥ぎとってしまうのも、同じことじゃというのである。

だから、この経文は、ものを背負わせていくのではない、また荷物の上に、ますます荷物をかけていくのではない。織る者は日々に進み、耕す者は日々に退くという古人の語があるが、織物でも、織りつめていけば、もう筬も動かぬように、梭も動かぬように、何もなくなってしまう。耕す者も、耕して鍬で掘り尽くしてしまえば、もう掘るところはなくなる。百合一片というのも道理は同じことじゃ。

人間、お互いに、妄想妄念で、済んでしまったこと、どうにもできないことを繰り返して思う。「死んだお染が男なら」という言葉があるが、たいていそういうものである。死んだお染がもし男ならというたって、男だって女だって死んだものは、どうしようもない。一般の人はそういうことを繰り返していくから、そんな妄念・愚念のないように、いつでも青天白日の気持でやる。ガラーッと大目玉あくとそういうようになる。それを、又百合一片とこういうた。

これからあと、これについての頌もあるけれども、白隠さまの垂示が長いから、これで終わることにする。

本書は、『大法輪』昭和53年3月号特集「般若心経を解く」に、昭和54年8月号掲載の「写経のすすめ」、昭和55年11月号掲載の「日本臨済禅の心経理解」、昭和55年12月号掲載の「般若心経と道元禅」、小社刊の単行本『毒語心経提唱』を合わせた初版本に、平成15年2月号掲載の「梵字・般若心経の写経」を加えて再編集したものです。

増補新装版　般若心経を解く〈大法輪選書〉

昭和57年6月24日　第1刷発行 ©
平成17年8月10日　増補新装版第1刷発行

大法輪閣編集部編
発行人　石原大道
印刷所　三協美術印刷株式会社
製本　株式会社　越後堂製本
発行所　有限会社　大法輪閣
東京都渋谷区東2－5－36　大泉ビル2F
TEL　(03) 5466-1401(代表)
振替　00130-8-19番

ISBN4-8046-5029-6　C0315